Ralf Kramp · Ira Schneider · Carsten Sebastian Henn

GRILLEN & KILLEN

Mörderische Storys und kriminell gute Rezepte

D1719278

Kramp · Schneider · Henn

GRILLEN & KILLEN

Mörderische Storys und kriminell gute Rezepte

© 2022 KBV Verlags- und Mediengesellschaft mbH, Hillesheim
www.kbv-verlag.de · E-Mail: info@kbv-verlag.de · Tel. 0 65 93 / 998 96-0

Fotos: Ira Schneider / Die Fotoküche, www.ira-schneider.de
                    Titelfoto: © weyo - stock.adobe.com
                    Foto Umschlaginnenseite: © Lukas Gojda - stock.adobe.com
Illustrationen: Ralf Kramp
Layout: Sabine Hockertz, KBV
Druck: Bastiandruck, Föhren

Printed in Germany
ISBN 978-3-95441-606-6

ie rotglühenden Kohlen, das leise knisternde Geräusch des vor sich hinbrutzelnden Grillguts, die betörenden Röstaromen, die sich in Sekundenschnelle ausbreiten und ringsum allen das Wasser im Mund zusammenlaufen lassen, und schließlich die Geschmacksexplosion, wenn die Gabel zum Mund geführt wird – Grillen ist eine überaus sinnliche Sache.

Beim Lesen eines Krimis verhält es sich ähnlich: Die Stimmung ist aufgeheizt, ja, auf dem Siedepunkt, während der Blick über die Zeilen fliegt, glaubt man regelrecht, das leise Klicken des Abzugs hören zu können, das Pfeifen der durch die Luft sausenden Kugel, man riecht förmlich den Pulvergeruch, und schließlich ... Peng! Ja genau, da ist sie, die erste Leiche!

Beim Grillen wie beim Killen – Spannung und Nervenkitzel pur. Die beiden Dinge passen verdammt gut zusammen, so haben wir festgestellt. Wir lieben beides, und wir genießen sie sehr, die lauschigen Sommerabende mit all den raffinierten Grillrezepten und den herrlich bösartigen Kriminalgeschichten.

Wir haben in diesem Buch ein knallbuntes Buffet voller köstlicher Grausamkeiten und grausamer Köstlichkeiten für Euch zusammengestellt. Doch, doch, es sollte eigentlich für jeden Geschmack etwas dabei sein: Tipps, Tricks und Rezepturen, die den Grillabend zum mordsmäßigen Erfolg werden lassen und Geschichten so witzig-spritzig wie eine Obstbowle, so garstig und finster wie Grillbriketts oder so hundsgemein scharf wie ein Chili-Dip. Zum Selberschmökern oder zum Vorlesen am Gas-, Elektro- oder Holzkohlegrill.

Wir wünschen Euch viel Vergnügen, zücken unseren Grillanzünder und rufen fröhlich: Feuer frei!

Ralf Kramp, Ira Schneider und Carsten Sebastian Henn

INHALT

LEISE SOHLEN, HEISSE KOHLEN

von Ralf Kramp

Der Killer kommt auf leisen Sohlen
Ganz so wie man es ihm befohlen.
Mit Munition und zwei Pistolen
Schleicht er zur Villa, ganz verstohlen.

Er kommt gebürtig aus Südpolen,
Hat nie gemordet, nur gestohlen.
Es schicken ihn die Ostmongolen
Zu killen einen Westmongolen.

Er späht durch Strauch und Gladiolen
Zu der Terrasse aus Holzbohlen.
Dort glüh'n im Grill die Grillholzkohlen.
Der Mann war drinnen, um Bier zu holen.

Er kommt zurück, die Gäste johlen.
Grillduft steigt auf zu Spatz und Dohlen.
Der leere Magen uns'res Polen
Schlägt auf der Stelle Kapriolen.

Zum Zielen muss tief Luft er holen.
Er schießt - vorbei! Sieht den Mongolen
Nebst Gästen flieh'n auf schnellen Sohlen
Und sich beinah selbst überholen.

Auch ihm wär Flucht nun sehr empfohlen,
Doch zieht's zum Grill ihn unverhohlen
Dort wird das Fleisch zu Stiefelsohlen
Das darf doch keinesfalls verkohlen!

West-, Ost- und generell Mongolen,
Die bleiben ihm jetzt schlicht gestohlen.
Soll'n doch Albaner oder Anatolen
Kartoffeln aus dem Feuer holen!

Der Killer grillt auf heißen Kohlen.
trinkt Bier und von den süßen Bowlen.
Und findet unter Stanniolen
Salat aus Weiß-, Spitz-, Rot- und and'ren Kohlen.

Am End' kann kaum noch Luft er holen.
Nach Steaks und Shrimps und Alkoholen,
Gazpachos, Dips und Guacamolen
Muss er sich jetzt erst mal erholen.

Ruht satt im Schatten unter Parasolen,
da kommen sie, ihn abzuholen.
Egal ob Polizeien oder Interpolen,
Er würd das durchaus wiederholen.

ABGANG MIT AVOCADO

GUACAMOLE

ZUTATEN:
- 2 reife Avocados
- 1 Limette
- 1 kleine rote Zwiebel
- 2 Knoblauchzehen
- nach Geschmack
  2 EL Schmand
- Salz, Pfeffer,
  Chilipulver

ZUBEREITUNG:
Die Zwiebel und die Knoblauchzehen schälen und fein
hacken. Die Avocados halbieren, entkernen und das
Fruchtfleisch mit einem Löffel aus den Avocadohälften
herausschaben. Das Fruchtfleisch mit einer Gabel
kneten oder mit dem Schmand pürieren, Zwiebel und
Knoblauch untermischen und mit Salz, Pfeffer und
Chilipulver abschmecken.

DIE EXTREM-GRILL-CHALLENGE

von Carsten Sebastian Henn

Der Torte und ich, wir sind die krassesten Buddies. Eigentlich heißt Torte ja Thorsten Uppenhorst, ist 1,80 groß, 1,80 breit, quadratisch, praktisch, gut. Der hieß auch immer schon Torte, also schon, bevor er so viel Torte gegessen hat. So wie ich immer schon Kipper war, weil ich halt schon als kleiner Junge Kipplaster total geliebt habe. Und wenn du einmal auf dem Dorf einen Spitznamen hast, klebt der an dir wie ein oller Kaugummi. Also den wirst du nicht mehr los.

Torte und ich, wir sind eigentlich eine Einheit. Echte Kumpels, uns trennt nix, auch keine Frau oder so. Der Torte und ich, wir sind mehr als Brüder. Uns gibt es nur zu zweit.

Die meisten, also mittlerweile echt hunderttausende, kennen uns von unserem YouTube-Channel »Best Buddies« wo wir die irrsten Challenges machen. Surströmming essen (den widerlichen, vergorenen Hering aus Schweden) - wir waren die Jungs, die echt im Strahl gekotzt haben. Erinnert ihr euch noch an die Ice-Bucket-Challenge? Wir sind Landjungs, wir haben die Gülle-Bucket-Challenge veranstaltet. Pass-Out-Challenge (also hyperventilieren, bis man ohnmächtig wird)? Wir haben das vor laufender Kamera gemacht! Die Shell-on-Challenge, bei der man alles mit Schale isst, haben wir als erste in Deutschland abgezogen! Dabei haben wir nicht nur Banane oder Ei mit Schale gegessen, sondern auch Schokoriegel mit Verpackung!

Aber die neue Challenge, die wird der absolute Oberhammer, die macht uns keiner nach. Die ist exklusiv!

Wir haben sie »Grill-What-You-Shoot-Challenge« getauft.

Irgendwann war es endlich so weit: Australien! Das Outback! Lebensgefährliche Tiere! Unerforschte Wildnis! Ein Riesen-Abenteuer!

Es ist dann aber doch nur die Eifel geworden. Für mehr hat unsere Kohle einfach nicht gereicht. Wir hatten unser Erspartes nämlich in die Aktien von diesem tollen Bankendings gesteckt. Wirecard. Alles futsch.

Aber wir sind vom Land und so einiges gewohnt. Also hab ich australisches Bier und australische Barbecue-Saucen besorgt, und jetzt kann unsere Challenge doch noch starten!

Zum Hintergrund: Wir sind nicht so die perfekten Jäger. Okay, wir hatten nur einen Nachmittag im Schießstand von Sixpack. Er hat uns auch die beiden Gewehre und die Munition gegeben. Also inoffiziell. Offiziell haben wir die geklaut. Wenn einer fragt.

Wir sind beim Wilden Kermeter gestartet. Eigentlich nur wegen des coolen Namens. Da haben wir die erste Live-Schalte für unsere Follower gestartet. Natürlich nur für die, also nicht für die Bullerei und die Ranger im Nationalpark oder irgendwelche doofen Tierretter. Nur Follower, die ein Abo bei uns haben.

»Hey ihr da draußen, jetzt geht sie endlich los, die ›Grill-What-You-Shoot-Challenge‹! Die Regeln sind total einfach. Spuck's aus, Torte.«

»Wir machen hier Extrem Grilling, Leute! Wir schießen auf alles, was sich bewegt. Und wenn wir was treffen, müssen wir das grillen und essen. Nur dreimal dürfen wir ablehnen. Einmal ablehnen bedeutet eine Flasche VB Victoria Bitter trinken. Zweimal ablehnen bedeutet zwei Buddeln. Dreimal ablehnen: ihr könnt es euch denken.«

»Und viermal ablehnen?«

»Geht nicht, Kipper. Auf keinen Fall. Niemals! Egal, in was man reingeschossen hat! Wenn man schon dreimal abgelehnt hat, muss man das ganze Vieh grillen und davon essen.«

Dann haben wir die Hand an die Brust gelegt und gemeinsam unseren Schwur aufgesagt. So wie immer vor einer Challenge: »Wir schwören auf unser Leben, auf unsere Familie, unsere Haustiere, auf alles was uns heilig ist! Dieser Schwur darf niemals gebrochen werden! Niemals! Niemals! Niemals!«

Dann klatschen wir uns ab, rufen »Alles für unsere Follower!« und stapfen los in die furchteinflößende Natur der Eifel.

Gut, so furchteinflößend ist die gar nicht. Eigentlich sogar ziemlich hübsch, aber wir filmen die schräg und mit einem türkisen Horror-Filter. Natürlich lat-

SCHLITZER-SCHLEMMEREI

FLEISCHSALAT MIT LYONER

ZUTATEN
FÜR 6-8 PERSONEN:
- 2 Ringe Lyoner Fleischwurst
- wahlweise auch 4 hartgekochte Eier
- 1 Glas Gewürzgurken samt Gewürzaufguss
- 6 EL Mayonnaise
- 6 EL Joghurt oder Schmand
- Salz, Pfeffer
- nach Geschmack fein gehackte Petersilie oder Schnittlauch

ZUBEREITUNG:
Die Haut der Lyoner abziehen und die Fleischwürste in kleine Würfel oder feine kleine Streifen schneiden. Die Gewürzgurken auf einem Sieb abtropfen lassen, den Sud dabei auffangen.
Die Gurken und die gepellten Eier ebenfalls in kleine Würfel oder Scheiben schneiden.
Aus der Mayonnaise, dem Joghurt und der Gurkenbrühe eine Salatsoße rühren. Mit Salz und Pfeffer abschmecken und mit den Fleischwurst- und Gurkenwürfeln mischen. Mit gehackter Petersilie oder Schnittlauch dekorieren.

schen wir nicht über die ausgebauten Wege, sondern querfeldein.

Torte hat die ganze Zeit die Flinte im Anschlag und legt sich einmal voll auf die Schnauze. Das bringt uns total viele Likes und coole Kommentare.

Und plötzlich, viel früher, als ich gedacht habe, schießt der Torte wirklich. Und gleich nochmal. Bäng! Bäng! Und Bäng!

Ich sehe die Rinde von einem Baum abplatzen.

»Da war was! Ein Wolf! Eine riesige Bestie!«

Aber als wir hinkommen, ist da nur ein Hase, den Torte tatsächlich erwischt hat. Wohl eher aus Versehen.

»Grillen!«, rufe ich. Unsere Follower finden das auch.

Aber Torte schüttelt den Kopf. »Kann ich nicht essen, ich hatte als Kind doch einen. Voll süß und flauschig. Kapitän Wackelohr. Das bringe ich echt nicht übers Herz.« Er guckt in die Kamera. »Sorry, Leute! Jetzt muss ich einen kippen!«

Er greift sich das australische Bier und ext es. Danach lässt er einen Rülpser los, dass die Kameralinse beschlägt. Sehr, sehr geil.

Falls sich jemand fragt, warum ich nichts abknalle: In der ersten Stunde filme ich, dann ist Torte dran, und so weiter. Wir filmen natürlich auch nicht die ganze Zeit, sondern immer mal wieder, sonst wird das ja doch schnell zu öde.

Torte knallt in seiner ersten Stunde noch ein paarmal rum, aber er trifft nichts.

Ich dagegen ziemlich schnell schon. Ein Biber. Der kam ganz zutraulich auf mich zugetappst und ich so BÄMM! Mit Schrot. Viel übrig war danach ja nicht davon.

Und das hab ich dann gegrillt.

Also eher abgefackelt. Benzin drüber angezündet, Holz drauf geworfen. Und gewartet. Hat schon eine Weile gedauert.

Natürlich hab ich nur ein Stück von dem Viech gegessen. Und lecker war das auch null. Ich hab dick Mayonnaise drübergekleistert und die ganze Zeit versucht zu denken, dass ich den Fleischsalat mit Lyoner im Mund habe, den meine Oma immer macht. Der ist total Kult in unserer Familie!

Aber Biber schmeckt kein bisschen so. Müsst ihr echt nicht ausprobieren.

Torte hat als nächstes einen Feuersalamander erwischt. Eigentlich hat er auf eine Steinformation am Berghang gezielt, die ihn an das Gesicht von Tom Cruise erinnert hat, und den kann er so gar nicht ab.

Der Feuersalamander ist dann vom Stein erschlagen worden.

Aber wir haben das als Erschießen gewertet.

»Nee, den esse ich nicht. Das ist ja eine Amphibie oder sowas. Das esse ich nicht. Sind die nicht giftig?«

»Nö«, sagte ich, obwohl ich keine Ahnung hatte.

»Her mit den zwei Flaschen Bier! Auf Ex oder nie mehr Sex!«

Als die Kamera aus war, hab ich Torte gesagt, dass er jetzt so langsam echt mal was essen muss, weil wir sonst wie die absoluten Luschen dastehen.

Er hat sich dann erst mal Mut angetrunken. Nicht mit Bier. Sondern mit Jägermeister. Passte ja zur Challenge!

Seiner Treffsicherheit hat das allerdings null geholfen.

Wir sind dann eine ganze Zeit gegangen.

Man glaubt ja echt nicht, wie lange man in der Eifel kein Tier sehen kann. Zumindest keins, das man erlegen und grillen kann.

Irgendwann hab ich aus lauter Verzweiflung einen Zunderschwamm abgeknallt, ja genau der, aus dem man früher Zunder gemacht hat. Hing da so voll doof am Baum rum. Zum Feueranmachen ist das Zeug ja vielleicht okay, aber zum Essen? Giftig ist es zwar nicht – das hab ich extra vorher gecheckt – aber hart, holzig, bitter. Dabei hab ich es extra gegrillt, und gegrillt ist alles besser!

Ich hab auf jeden Fall fast alles wieder ausgespuckt.

GEMÜSE-MASSAKER

RATATOUILLE

ZUTATEN FÜR 4-6 PERSONEN:
- 2 Zucchini
- 2 bunte Paprika
- 500 g Tomaten (enthäutet)
- 1 Aubergine oder
  200 g grüne Bohnen
- 2 Zwiebeln
- Frische Kräuter der Provence
- Salz, Pfeffer
- Zucker

ZUBEREITUNG:

Für den mediterranen Gemüse-Eintopf Zucchini, Paprika, Tomaten, Auberginen oder Bohnen, Zwiebeln und Knoblauchzehen kleinschneiden und in etwas Olivenöl in einem Bräter anschmoren.

Mit den enthäuteten, kleingeschnittenen Tomaten auffüllen. Frische oder getrocknete Kräuter der Provence, etwas Salz, Pfeffer und Zucker zugeben und weiter schmoren lassen, bis das Gemüse gar ist.

TIPP Wer mag, kann auch mit etwas Rotwein abschmecken und noch Oliven zugeben.

Sogar trotz der australischen BBQ-Sauce, der mit Honig und dem geilen Raucharoma. Die hab ich drübergekippt, und damit schmeckt normal sogar feuchte Pappe halbwegs ordentlich. Die soll übrigens super zu Krokodil passen.

Ein Riesenspaß für unsere Follower!

Ekel kommt halt immer mega.

Ich kann euch verraten, wie ich überhaupt was runterbekommen hab: weil ich dabei an das Ratatouille vom Gartengemüse gedacht hab, das meine Mama immer kocht. Ich hab die Augen zu gemacht und gedacht: ist ihr diesmal nicht so gut gelungen. Aber Mama hat es gut gemeint. Du kannst ihr das jetzt nicht antun, nix davon zu essen. Ja, ich weiß, meine Mama zu erwähnen ist ein bisschen cringe, aber ist halt so.

Dann war auch schon Abend, und wir haben vor einer Höhle in einer Sandsteinwand, also super windgeschützt, unser Zelt aufgeschlagen und ein schönes Feuerchen gemacht.

Plötzlich ein Heidenlärm, und der ganze Himmel flattert.

Torte, zu dem Zeitpunkt schon strunzbesoffen, hält einfach mal drauf. Und schießt sein ganzes Magazin leer. Voll Rambo-Style, unfassbar, und dabei schreit er auch noch wie ein Irrer.

Er hat auch etwas erwischt.

Eine Fledermaus.

Ein Kleinabendsegler, hab ich sofort gegoogelt.

Und was sagt Torte?

»Ey, iiih! Fledermäuse esse ich nicht. Bah! Auf gar keinen Fall!«

»Mann, Alter! Das ist dann drittes Ablehnen. Dann musst du auf jeden Fall essen, was du als nächstes schießt. Und wenn es eine haarige Monsterspinne ist! Oder ne Qualle!«

»Gibt's doch gar nicht in der Eifel!«

»Im Dschungel-Camp wärst du echt der Mega-Looser! Da gibt es Känguru-Hoden!«

»Die würde ich essen! Aber Fledermäuse? Was sind das überhaupt für Tiere? Vögel? Säugetiere? Das kann ja nicht gesund sein.«

GEHÄUTET UND EINGEKOCHT

KÜRBIS-CHUTNEY

ZUTATEN FÜR 6-7 GLÄSER:
- 500 g Kürbis
- 500 g Äpfel
- 4 Zwiebeln
- 150 ml milder Weinessig
- 200 g brauner Zucker
- 1/2 TL Zimt
- etwas Vanille
- 2 Lorbeerblätter
- 1/2 TL schwarzer Pfeffer
- 1/2 TL gemahlene Nelken
- 1/2 TL Salz

ZUBEREITUNG:
Kürbis, Äpfel und Zwiebeln schälen und würfeln. Zusammen mit den Gewürzen, Zucker und Essig musig kochen lassen.

Weitere 40 Minuten unter ständigem Rühren einköcheln lassen. Nach Geschmack noch etwas Zucker oder Essig zugeben. Die Lorbeerblätter entfernen.
Heiß in Schraubgläser füllen und fest verschließen. Zu Fleisch oder Käseplatte servieren.

Also hab ich mein Gewehr genommen und nochmal auf das Flederding geschossen. War danach ziemlich in Fetzen, aber hey, das wurde ja langsam echt peinlich für uns.

Dann hab ich einen Grill gebaut, so einen wie bei den Naturvölkern, so mit einem Lehmrand außen rum. Gut, war halt Erde, und dann Kuhdung zum Verfeuern rausgeholt. Die Fladen hatte ich am Morgen auf der Kuhweide neben dem Parkplatz aufgesammelt.

Fledermaus ist echt gar nicht so übel, wie man normal denkt. Schmecken aber ein bisschen nach Kuhscheiße.

Und ist wirklich nicht viel dran. Ich hab einen ganz großen Schluck aus der Flasche mit der australischen BBQ-Sauce genommen. Die auch super zu Känguru schmecken soll.

Ein Tabouleh-Salat hätte jetzt perfekt dazu gepasst. Da steh ich ja drauf. Zwei Pfund Tabouleh-Salat mit einem klitzekleinen Kuchengäbelchen Fledermaus, das wär die richtige Kombi.

Beim Essen hat Torte mich gefilmt. Mit Nahaufnahmen. Und dabei fiese Schmatzgeräusche gemacht, aber auch die Fledermaus synchronisiert, mit so ner Piepsstimme: »Ey, Kipper, iss mich nicht, ich will doch noch bei den blassen Jungfrauen Blut saugen! Aua, das war mein dicker Zeh!« So ein Blödsinn. Die saugen ja gar kein Blut.

Die ganze Zeit konnte ich nicht gucken, was bei unseren Kommentaren los war. Das zeigte mir dann Torte.

TOD UND TABOULEH

TABOULEH-SALAT

ZUTATEN
FÜR 4 PERSONEN:
- 200 Gramm Bulgur oder Couscous
- 650 Milliliter Gemüsebrühe oder leicht gesalzenes Wasser
- 1 Bund glatte Petersilie
- 1 Bund Minze
- 1/2 Bund Lauchzwiebeln
- 1 zerdrückte Knoblauchzehe
- Saft von 1/2 - 1 Zitrone
- 6 EL Olivenöl
- 3 Tomaten
- 1/2 Salatgurke
- Salz und Pfeffer

»Alter, die explodieren! Alle sind voll scharf darauf zu sehen, was ich jetzt essen muss! Krass!«

Da wurde mir erst klar, dass ich totalen Mist gebaut hatte. Von wegen Spannungskurve und so. Ich hätte auch nichts essen dürfen!

Am nächsten Tag hab ich dann einen Schwarzstorch, eine Blindschleiche und einen Waschbär erlegt. Ehrlich gesagt war das bei dem nur ein Streifschuss. Der Waschbär hat sich wahrscheinlich totgelacht, dass jemand aus so kurzer Distanz so fett danebenschießen kann.

Nix davon habe ich gegrillt. Vor laufender Kamera habe ich das alles abgelehnt.

Jedes Mal gingen die Kommentar-Zahlen hoch. Es wurde sogar drauf gewettet, was wir als nächstes abknallen, und ob wir es dann essen oder nicht. Sowas hatten wir noch nicht erlebt!

Damit war klar: Das nächste, was einer von uns beiden schießt, das muss definitiv gegessen werden.

Torte, der zu diesem Zeitpunkt echt schon wieder verdammt knülle war, meinte: »He, Leute da draußen, wir fügen jetzt eine Zusatzregel ein: man muss auf alles schießen, was sich bewegt! Ab geht's!«

ZUBEREITUNG:

Den Bulgur oder Couscous waschen und in der Gemüsebrühe bei kleiner Hitze garen. Abtropfen und abkühlen lassen.

In der Zwischenzeit die Petersilie, die Minze und die Lauchzwiebeln waschen und trockentupfen. Bei Petersilie und Minze die dicken Stängel entfernen und kleinhacken. Bei den Lauchzwiebeln die Wurzelansätze entfernen und das Gemüse in feine Ringe schneiden.

Aus der zerdrückten Knoblauchzehe, dem Saft einer halben Zitrone und dem Olivenöl eine Marinade rühren. Mit Salz und Pfeffer würzen.

Die Tomaten halbieren, den Strunkansatz entfernen und in grobe Würfel schneiden. Die Salatgurke schälen, halbieren, das Kerngehäuse aushöhlen und ebenfalls in grobe Würfel schneiden.

Alle Zutaten in eine große Schüssel geben und mit der Marinade gründlich vermengen. Den Salat etwas durchziehen lassen und mit Salz und Pfeffer abschmecken. Je nach Vorliebe eventuell noch etwas weiteren Zitronensaft zugeben.

TIPP

Nach Geschmack können auch Paprika- und Feta-Würfel mit in den Salat.

Dann zielt der auf mich! Und lacht wie irre!

Ich dachte echt, der knallt mich jetzt ab.

Aber dann taucht da dieser Rothirsch auf. Prächtiges Tier. Edel.

Ich habe so etwas Beeindruckendes noch nicht gesehen und halte die Kamera voll drauf.

Er blickt uns an, als wären wir Außerirdische, also mit so einer Mischung aus Faszination und Unverständnis.

Für einen Moment ist es so, als würde die Zeit stehenbleiben.

Dann kracht es neben mir, denn Torte hat plötzlich Bock auf Reh und feuert alles ab, was er in seinem Gewehr hat. »Wild schmeckt so geil!«, keucht er zwischen den Schüssen. »Da steh ich drauf! Vor allem mit dem leckeren Kürbis-Chutney von meiner Tante Elke!«

Der Rothirsch schaut uns an, wie erstarrt. Unerschossen.

Und ich schubse Torte zu Boden.

Das Tier springt mit ein paar Riesensätzen weg und verschwindet im Gebüsch.

BYE BYE BARBECUE

BBQ-SAUCE

ZUTATEN
FÜR 1 FLASCHE à 650 ml:
- 200 ml passierte Tomaten
- 200 ml Tomatenketchup
- 50 ml Balsamico-Essig
- 120 g brauner Zucker, alternativ Ahorn- oder Zuckerrübensirup
- 2 EL flüssiger Waldhonig
- 1 gestrichener TL Rauchsalz
- Pfeffer, getrocknete oder frische Chili, Knoblauchpulver und Worcestersauce nach Geschmack

ZUBEREITUNG:
Die Zutaten in einen Topf geben und unter Rühren circa 20 Minuten einköcheln lassen. In eine Flasche oder ein Glas mit Schraubverschluss abfüllen und bis zum Verzehr kühl aufheben.

»Verdammt!«, brüllt Torte mich an, als er sich wieder aufrappelt. »Das wär es gewesen! Der Mega-Abschuss. Warum schubst du mich, du Honk! Soll ich dich auch schubsen? Na?«

Dann schubst er mich.

Ein Schuss löst sich aus meinem Gewehr.

Und trifft ihn in den Fuß.

Ich hab es gefilmt, alle Follower haben es gesehen.

Torte guckt mich an. »Ey, Scheiße ...«

Ich will die Kamera ausmachen und abbrechen. Aber Torte schüttelt den Kopf.

»Alles für die Follower, Kipper! Du musst mich grillen und essen. Dann werden wir Legenden!«

»Dann lande ich im Knast«, antworte ich.

»Aber als Legende!« Er greift sich die Kamera. »Das seht ihr doch auch alles so! Wir haben es geschworen. Der Kipper muss mich futtern!«

Ja, von wegen! Ist doch wohl klar, dass die Follower es genau so gesehen haben wie ich.

Ha! Natürlich nicht! Die haben es alle so gesehen wie Torte.

»Iss die Torte!« haben sie geschrieben. Und »Jetzt zeigt sich, ob ihr wirklich Eier habt!«

Torte hat sich darauf in den Schritt gepackt und in die Kamera geschrien »Ich hab die dicksten Eier in der ganzen Eifel!«

Dann hat er sich mein Gewehr genommen, nachgeladen und sich den Kopf weggeblasen.

Das hat jetzt schon über eine Million Klicks.

Da er sich erschossen hatte, musste ich ihn natürlich auch grillen. Wie hätte ich denn sonst dagestanden? Eben! Den Grill hatte ich ja schon gebaut, waren auch noch ausreichend Kuhfladen da. Und vor allem – das war mit Abstand das Wichtigste – noch ausreichend australische BBQ-Sauce! Die passt übrigens auch hervorragend zu Schnabeltier, hab ich mir sagen lassen.

Das Video ist um die Welt gegangen. So viele Klicks hätten Torte und ich uns nie erträumen lassen. Es gab auch viel Lob dafür, wie ich ihn zubereitet habe. In aller Ruhe, über mehrere Stunden, und mit einer wirklich geilen Gewürzmischung.

Langer Rede kurzer Sinn: für die freie Stelle in der Gefängnis-Küche könnt ihr, meine lieben Mitinsassen, keinen besseren Koch nominieren als mich.

Ich grille alles, und falls ihr es irgendwie schafft, hier australische BBQ-Sauce reinzuschmuggeln, schmeckt es auch.

Und noch eins, vielleicht das Wichtigste: falls ihr mich nominiert, verspreche ich, niemals jemanden von euch zu essen!

Es sei denn, wir ziehen eine richtig geile Challenge ab …

EINE GANZ HEISSE MASCHE

von Ralf Kramp

emeinsame Hobbys und geteilte Leidenschaften sind der Kitt einer guten Ehe. Es gibt nichts Beglückenderes, als zusammen etwas Schönes zu erschaffen, Dinge miteinander zu erleben, oder sich im Spiel oder beim Sport zu messen. Puzzeln oder Gartenarbeit eignen sich für diese gemeinsamen Erlebnisse ebenso wie Radfahren oder Malen nach Zahlen.

Beim Grillen ist es nicht so einfach.

»Darf ich auch mal?«, fragte Dörte ganz unerwartet an einem der ersten schönen Tage des Jahres. Klaus hatte den Grill aus dem Schuppen geholt, die Spinnweben aus dem Gestänge gebürstet, die Abdeckhülle säuberlich zusammengefaltet, das Grillgitter von dem zarten Flugrost befreit, der sich an ein paar Stellen gebildet hatte, die Chromhaube poliert und feierlich die erste Grillkohle in die Wanne geschüttet und dann nach allen Regeln der Kunst angezündet.

Zwei bildschöne, handgeformte Burger-Patties knisterten leise in der aufsteigenden Hitze, und er wartete gespannt auf den Moment, in dem er sie umdrehen durfte. Er hatte es über den Winter nicht verlernt.

Zuerst hatte er geglaubt, er habe sich verhört. »Darf ich auch mal?« – das hat-

SANFTER SENSENMANN

SENF-DIP

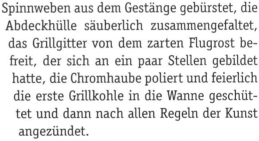

ZUTATEN
FÜR 1 KLEINE SCHÜSSEL:
- 300 g Vollmilch-Naturjoghurt
- 3-4 EL Monschauer Senf
- 1 EL flüssiger Honig
- Salz, Pfeffer
- frische Gartenkräuter, fein gehackt

ZUBEREITUNG:
Die Zutaten miteinander verrühren und mit Salz, Pfeffer und den feingehackten Kräutern abschmecken. Zu Grillkartoffeln servieren.

BLOODY BURGER

ZUTATEN FÜR 4 PERSONEN:
- 500 g Rinderhack
- 2 TL Salz
- Pfeffer nach Belieben
- 2 EL Senf
- Öl
- 4 Hamburger Brötchen oder runde Brötchen
- Gemischter Salat und Zwiebelringe nach Belieben

ZUBEREITUNG:

Das Hackfleisch mit dem Salz, dem Pfeffer und dem Senf in eine Schüssel geben und gut durchkneten. In vier Portionen teilen und diese zu Kugeln formen und flachdrücken.
Die Patties eine gute Stunde in den Kühlschrank legen oder leicht anfrieren lassen.

Auf einem mit etwas Öl bestrichenen Grillrost (damit sie nicht anbacken) von jeder Seite bei hoher Hitze etwa zwei bis drei Minuten (Holzkohlegrill) angrillen und dann auf dem äußeren Gitterrand noch etwas ruhen lassen. Mit einer Gabel eine Frikadelle einstechen und durch Druck prüfen, ob kein Fleischsaft mehr austritt.

In der Zwischenzeit die vier Brötchen aufschneiden und ebenfalls im indirekten Bereich des Grills kurz toasten. Die untere Seite mit gemischtem Salat und Zwiebelringen belegen. Das gegrillte Pattie auf darauf geben und etwas Coleslaw darübergeben. Die obere Brötchenhälfte aufsetzen und mit Erdbeer-Ketchup servieren.

Das Rezept für den Coleslaw finden Sie auf Seite 25, den Erdbeer-Ketchup auf Seite 28.

te Dörte noch nie gefragt. Und jetzt setzte sie hinterher: »Nur mal ein bisschen das Fleisch wenden.«

»Warum denn?« Er sah sie verblüfft an. »Du hast doch schon den Coleslaw gemacht.«

Das konnte sie. Ihr Coleslaw war unübertroffen. Sie fermentierte ihn selbst und tat Kürbis hinein. Überhaupt all ihre Salate, echte Köstlichkeiten. Das war ihr Bereich. Er grillte.

Klaus dachte, damit sei alles erledigt.

Doch beim anschließenden Essen in der Frühlingssonne auf der Terrasse war Dörte ungewöhnlich still. Die Burger, die Klaus fabriziert hatte, schmeck-

ten köstlich. Aber der Genuss wurde von der atmosphärischen Störung getrübt.

»Warum willst du denn plötzlich grillen?«, fragte er später, als sie hinterher eine Tasse Kaffee tranken. Dörte blickte nicht auf. Sie schien sich voll und ganz auf die Stricknadeln zwischen ihren Fingern und die Wolle zu konzentrieren, aus der ein Pullover für ihre Nichte werden sollte.

»Wir machen doch immer alles zusammen«, sagte sie nach einer Weile gequält. »Und das ist so schön. Nur der Grill ist für mich tabu.«

»Aber deine Salate, die du ...«

»Du verstehst mich nicht. Es ist der Grill. Du pflegst ihn, du umsorgst ihn wie ein besonders liebes Haustier. Du bist sehr zärtlich zu ihm.«

»Aber du hast dein Strickzeug, und ich käme nie auf die Idee ...«

Sie packte Nadeln und Wolle mit zwei Händen und reckte es ihm über den Tisch entgegen: »Hier, du darfst von mir aus gerne ein bisschen weiterstricken!«

»Aber ich kann nicht stricken!«, maulte Klaus. »Und ich will auch nicht.«

Sie kniff die Lippen zusammen und räumte ab.

Klaus blickte ratlos zu dem Grill hinüber, auf dessen Chromflächen sich die Sonne spiegelte. Er hatte sich nichts vorzuwerfen. Es gab keinen Grund für seine Frau, eifersüchtig auf den Grill zu sein. Ein ganz normaler fahrbarer Holzkohlegrill. Er bereitete für sein Leben gerne Speisen darauf zu, liebte das Spiel mit den unterschiedlichen Hitzezonen und Garzeiten. Er hatte seine Rösttechniken im Laufe der Jahre perfektioniert. Bei ihm wurde alles knusprig, aber keineswegs trocken. Er konnte das! Und seine Dörte hatte stets die passenden Beilagen produziert. Aus Erdbeeren zauberte sie ein so köstliches Ketchup, wie er es nie für möglich gehalten hätte. Und ihr Senf-Dip war ein Gedicht! Alles war gut so, wie es war. Warum sollte er sie jetzt plötzlich grillen lassen? Man ließ doch auch keinen Metzgergesellen am offenen Herzen operieren.

Als sein Blick durch die Terrassentür wanderte, und seine Frau sah, die im Wohnzimmer saß und strickte, kam ihm ein vager Gedanke.

»Dörte, Häschen«, sagte er kurz darauf, seiner plötzlichen Eingebung folgend. »Wenn du mit dem Pullover fertig bist – denkst du, du könntest mir ein paar gescheite Grillhandschuhe stricken?«

Sie blickte von ihrer Handarbeit auf. In ihrem Blick löste Unsicherheit den Trotz ab.

Als sie sagte »Erst muss ich aber den Pullover fertig kriegen«, hörte er schon heraus, dass ihr der Ausblick auf die neue Aufgabe gefiel.

NEUES VOM HÄCKSLER

ZUTATEN
FÜR 1 ANSATZ-GLAS MIT 5 LITERN INHALT ODER MEHRERE KLEINE SCHRAUBGLÄSER:
• 1 Weißkohlkopf (3 bis 4 kg)
• 1 Hokkaido-Kürbis
• Salz

ZUBEREITUNG:

Die äußeren Blätter des Kohls und den Strunk entfernen, den Kohlkopf vierteln und hobeln oder fein schneiden. Den Kürbis putzen, das Kerngehäuse entfernen und reiben.

Die Kohlspäne in eine hohe Schüssel geben und mit der Faust stampfen, bis der Kohlsaft austritt. Kohl mit dem Kürbis mischen und in ein Ansatzglas oder Gläser einschichten (2-3 cm zum Rand hin freilassen). Mit Salzlake auffüllen (2 EL Salz auf 1 l Wasser), bis die Masse bedeckt ist.

3-5 Tage offen an der Luft bei Zimmertemperatur stehen lassen, bis die gewünschte Milchsäuregärung einsetzt. Das sieht man an kleinen Bläschen, die hochsteigen, und man kann einen säuerlichen Geruch und Geschmack wahrnehmen. Fertiges Ferment verschließen und im Kühlschrank aufheben. Es hält sich bis zu einem Jahr, wenn es stets gut mit Salzlake bedeckt ist und die Portionsentnahmen mit sauberem Besteck erfolgen.

Für den Verzehr einige Löffel entnehmen, abtropfen lassen, mit etwas Salatöl vermischen, etwas Pfeffer zugeben und als Beilage zu Brotzeiten oder zu einem Burger reichen.

Die Grillhandschuhe wurden am darauffolgenden Wochenende eingeweiht.

»Sind sie nicht zu groß?«, fragte Dörte unsicher und folgte mit ihren Blicken den Handbewegungen ihres Mannes.

»Nein, passen perfekt«, sagte er und war froh, dass sie ihn nicht fragte, wie ihm das Muster gefiel.

Wellenformen in Pink und Schokoladenbraun. Sie hatte noch Wolle übriggehabt.

»Sie schmiegen sich wunderbar an. Gar nicht zu vergleichen mit den gekauften Dingern.« Er drehte sich zu ihr um und sah, dass sie vor Aufregung und Freude strahlte. »Du grillst irgendwie mit, meinst du nicht auch, Häschen?«

»Ja, irgendwie schon.«

Er wandte sich wieder seinen Koteletts zu und sah nicht, dass sie kurz ansetzte, um ihn doch einmal um die Grillzange zu bitten. Sie schluckte die Frage hinunter und sagte stattdessen: »Eine Schürze wäre toll, oder? Eine passende Schürze zu den Handschuhen.«

»Oh, das wäre großartig Häschen. So was hat keiner!«

Die Schürze hatte dasselbe Wellenmuster, und zu den Farben Pink und Schokoladenbraun hatte sich ein Grasgrün hinzugesellt. »KLAUS« stand da in Brusthöhe. Er guckte sich zuerst sorgfältig nach allen Richtungen um, ob ihm nicht womöglich irgendjemand über den Gartenzaun hinweg zusah, als

FINALE SPRITZE

BLAUBEER-SPRIZZ

ZUTATEN FÜR 1 FLASCHE SIRUP à 500 ml:
- 300 g Blaubeeren
- 150 g Zucker
- 250 ml Wasser
- Saft einer Zitrone
- ein Bund frische Minze
- 100 g tiefgekühlte Blaubeeren (statt Eiswürfel)

ZUBEREITUNG:

Aus den Blaubeeren, dem Zucker, dem Wasser und dem Zitronensaft einen Sirup kochen. Diesen durch ein Sieb streichen und in eine Flasche abfüllen. Im Kühlschrank aufbewahren.

Für die Limonade, den Sirup nach Geschmack mit Mineralwasser auffüllen. Mit Minze und tiefgekühlten Blaubeeren aufpeppen und kalt servieren.

er sich in seiner lächerlichen Aufmachung an den Grill stellte. Dörte kam mit zwei Gläsern kühlem Blaubeer-Sprizz. »Du siehst darin einfach toll aus«, hauchte sie, und sie stießen an. Das Getränk prickelte erfrischend. An der Nackenschlaufe der Wollschürze schaute ein langer Wollfaden heraus. Den musste sie noch vernähen.

»Diese Schürze ist dein Beitrag zu den zwei köstlichen Koteletts, die ich jetzt brate«, sagte Klaus mit einem säuerlichen Lächeln. »Damit werden sie mir besonders gut gelingen. Welchen Salat gibt es?«

»Spargel-Eier-Salat«, murmelte sie und zupfte prüfend an der Schürze herum.

»Oh ja, den liebe ich!« Seine Stimme zitterte ein wenig.

Als sie hinterher aßen, lobte sie das, was er da zubereitet hatte, in den höchsten Tönen.

»Ohne die Schürze und die Handschuhe wären sie nur halb so gut geworden«, sagte Klaus schmatzend.

»Meinst du wirklich?«

Er nickte übertrieben heftig. »Es ist die reine Wahrheit.«

Ihr nachdenklicher Blick wanderte über den Rand der Kaffeetasse in die Ferne. Klaus konnte ihn nur schwer deuten.

Zu der Schürze und den Handschuhen gesellte sich am nächsten Samstag überraschend ein Paar Socken. »Grillsocken!«, betonte Dörte. Sie hatten ein anderes Muster. Gelbe Sterne auf knallblauem Grund.

»Ich habe noch nie von Grillsocken gehört.«

»Gefallen sie dir etwa nicht?«

»Doch, doch! Aber sehr sogar!« Sollte sie stricken. Er durfte grillen.

Bei der tags darauf folgenden Grill-
mütze fing er zum ersten Mal an, sich
Sorgen zu machen. Sie passte zwar farb-
lich zu den Socken, kratzte aber sehr
auf der Kopfhaut und trieb ihm den
Schweiß aus den Poren. Das Wetter wurde jetzt auch langsam immer wärmer.

»Du schwitzt«, erkannte Dörte mes-
serscharf.

»Liegt am Grill«, ächzte er. Er woll-
te sie lieber nicht verunsichern. »Deine
Mütze ist eher hilfreich. Sie saugt den
Schweiß auf.«

Dörte betrachtete ihn, wie er mit
Handschuhen, Schürze, Socken und
Mütze hantierte. Alles schien ihm unverändert gut von der Hand zu gehen,
und trotzdem grub sich eine Sorgenfalte
in ihre Stirn.

»Mein Liebling«, sagte Dörte am
nächsten Wochenende mit sanfter Stimme. »Wir sollten uns nichts vormachen.
Du hast nun wirklich genug Kleidungs-
stücke zum Grillen von mir bekommen.«

»Ach, Häschen, ich ...«

»Doch, doch, das ist unübersehbar.«

»Aber ich will dich doch am Grillen
teilhaben lassen!«, sagte Klaus halbherzig. Einerseits hatte sie völlig recht - bei
gestrickten Ohrenschützern oder Puls-
wärmern hätte er nicht mehr mitgemacht
- andererseits wollte er seine vom Erfolg
gekrönte Taktik nicht aufs Spiel setzen.

Sie strahlte ihn an. »Ich weiß das, und
ich liebe dich dafür. Es ist wahrhaftig so,

ERDBEER-KETCHUP

ZUTATEN
FÜR 6-8 SCHRAUBGLÄSER
à 200-300 ml:

- 750 g Erdbeeren
- 750 g Zwiebeln
- 200 g vorzugsweise
  brauner Zucker
- 100 ml Weißweinessig
- Salz, Pfeffer

ZUBEREITUNG:

Erdbeeren und Zwiebeln putzen
und in kleine Stücke schneiden.
Die Stücke mit dem braunem
Zucker und Weißweinessig
in einen Topf geben und
einköcheln lassen, bis die Masse
zerköchelt ist.

Nach eigenem Geschmack mit
Pfeffer und Salz, mit weiterem
Zucker oder Essig abschmecken
und mit einem Pürierstab oder
Stampfer durcharbeiten, bis eine
musige Masse entsteht.

Unter Rühren noch einmal
kurz aufkochen lassen
und heiß mit einem Trichter
in Schraubgläser abfüllen. An
einem kühlen Ort aufbewahren.

dass ich mich viel mehr ... mitgenommen fühle, seit ich meinen Teil beitragen kann. Wir grillen gemeinsam!«

»So ist es!«, rief Klaus fröhlich und schob sich die kratzende Mütze auf dem Kopf zurecht. Dörte sah wieder den Faden, der am Nacken aus dem gleichmäßigen Maschenverlauf der Schürze hervorschaute. Sie vergaß immer wieder, ihn zu entfernen.

»Du Schatz, bitte, bitte, strick mir noch was zum Grillen!«, bat Klaus und setzte einen Dackelblick auf.

Sie lächelte sanft. »Du wirst staunen, das habe ich schon!«

»So?« Klaus sah sie ratlos an, und sie holte ein Tablett aus der Küche. »Schau hier, mein Liebling. Damit gelingt das Grillen noch mal so gut!«

Auf dem Tablett lagen seine Grillzange und der Grillspieß. Die hölzernen Griffe waren mit kunterbunt geringelten Überzügen geschmückt. Daneben stand eine Flasche Bier, bis zum Hals mit einer orangefarbenen Strickmanschette verziert.

»Das ist ... hübsch«, hauchte Klaus. »Wirklich hübsch.«

Klaus grillte. Und guckte immer wieder skeptisch in die Richtung seiner Frau, die derweil munter die Stricknadeln klappern ließ. Was war wohl das nächste, das ihn erwartete?

Es ließ nicht lange auf sich warten.

Eine Woche später klatschte Dörte begeistert in die Hände, als sie die Schuppentür öffnete, bevor er das tun konnte und den Blick auf den Grill freigab. Um die vier Beine des Geräts spannten sich flauschige, türkisfarbene Stulpen.

»Da bist du sprachlos, was?«

Sie hatte recht.

Am nächsten Samstag spähte Klaus zuerst sehr vorsichtig den Schuppen. Er hatte Angst vor einer neuen Überraschung. Dörte hatte sich jeden Tag in ihr Handarbeitszimmer zurückgezogen und die Tür abgeschlossen. Er hatte mitbekommen, dass sie sogar nachts ein paar Mal heimlich aufgestanden war und das Schlafzimmer verlassen hatte. Er ahnte Schlimmes. Großes.

Der Grill allerdings stand gänzlich unverändert da. Die türkisfarbenen Stulpen sahen immer noch bizarr aus. Er wusste gar nicht, was er machen sollte, wenn im Sommer mal wieder eine Grillparty für die Nachbarschaft anstand.

»Augen zu!«, flötete Dörte.

»Was? Wie?«

»Mach die Augen zu! Überraschung!«

Und er tat, was sie von ihm verlangte.

MORD VON DER STANGE

SPARGEL-EIERSALAT AUF BROT

ZUTATEN FÜR 6-7 GLÄSER:
- 8 weich gekochte Eier
- 300 g Spargel, Dosen- oder Frischware
- 5 EL Schmand
- 5 EL Mayonnaise
- Essig
- Pfeffer, Salz, Zucker

ZUBEREITUNG:
Spargel schälen, in kleine Stücke schneiden und in Salzwasser mit Zitrone rund 10 Minuten garen lassen. Dosenware gut abtropfen lassen. Die gekochten Eier pellen und in feine Scheiben schneiden. Aus den restlichen Zutaten eine Marinade rühren, Eier und Spargel leicht untermengen. Mit Brot servieren.

Er hörte ihre Schritte auf den Terrassenplatten rings um sich herum. Er spürte einen kleinen Luftzug mal hier und mal dort, Rascheln erklang, und irgendwie wurde es ein bisschen dunkler ringsum.

»Augen wieder auf!«

Es war bunt. Sehr, sehr bunt. Nach drei Seiten spannte sich um seinen Grillplatz ein gewaltiges, in allen Farben des Regenbogens gestricktes Tuch, mit mehreren Stangen als eine Art halboffenes Indianer-Tipi, nach oben in etwa zwei Metern Höhe spitz zulaufend.

»Ein Windschutz!«, rief Dörte und hüpfte auf und ab. »Ich habe mir die Finger wundgestrickt daran! Jetzt kann kein Wind mehr das Grillvergnügen stören!«

Klaus sagte nichts. Die Worte kamen einfach nicht aus seinem Mund. Was vermutlich auch gut so war.

Dörtes Blick war mit einem Mal seltsam entrückt. Immer wieder zuckte ihr linkes Augenlid.

Klaus bekam es mit der Angst zu tun.

Auch wenn es eigentlich nicht schlimmer kommen konnte, geschah es doch. Dörte strickte baumelnde Behältnisse mit Blumenmuster, die an den Innenseiten des Windfangs appliziert wurden. In ihnen fanden Grillanzünder, Gewürze und Blasebalg ihren Platz. Sie strickte getupfte Untersetzer für die Fleischplatten und einen quietschgrünen Überzug für den Grillkohlesack.

Es kam der Tag, an dem rund um den Grill herum nichts mehr war, was Dörte noch mit ihren Strickkünsten hätte verschönern können. Es war mittlerweile Mai geworden. Die Sonne stand hoch am Himmel, und die ersten Blüten in den Beeten öffneten sich.

Klaus stand vor Schweiß triefend inmitten seines engen Windschutzes und schüttete Kohle aus dem bunten Wollsack in die Grillwanne. Überall war grellbunte Wolle, ständig verhakte und verhedderte er sich mit dem Blasebalg, die Socken rutschten, die Mütze kratzte, alles knisterte und raschelte um ihn herum, und der Kohlestaub brachte ihn zum Husten.

Es war ihm egal, dass von nun an seine Taktik ins Leere laufen würde. Das mit dem Stricken musste jetzt ein Ende haben. Dörte würde schon was anderes finden.

»Kann ich dir helfen, Liebling?«, rief seine Frau vom bereits gedeckten Gartentisch herüber, wo sie eine stattliche Anzahl von Salatschüsseln und kleinen Töpfchen voller selbstgemachter Dips und Soßen angerichtet hatte.

Statt einer Antwort schnaufte Klaus nur und fluchte leise vor sich hin, als die Gewürzdosen aus dem Aufbewahrungsbeutel kullerten und als er sich schon wieder mit dem rechten Schuh in den Maschen der Stulpen der Grillbeine verfing.

Dörte kam näher. »Kann ich dir helfen, Liebling? Bitte.«

Er blieb mit den Fingern in den Maschen des Beutels hängen, aus dem er die Grillanzünder holen wollte. Die Grillzange klappte auf und verkeilte sich zwischen seiner Schürze und einem der Untersetzer. Er konnte gerade noch den darauf stehenden Teller daran hindern, herunterzufallen.

»Darf ich auch mal?«, fragte Dörte, seltsam tonlos, fast wie in Trance.

Klaus entglitt das längliche Grillfeuerzeug. Er versuchte, sich danach zu bücken und stieß dabei fast den Grill um. Die Grillgabel verfing sich im Windschutz, er versuchte sie zu befreien, wobei er das gewaltige bunte Tuch enger um sich und den Grill zusammenzog.

»Hau ab! Lass mich in Ruhe grillen!«, platzte es endlich aus ihm heraus. »Ich will grillen, verdammt noch mal! Ich! Nicht du! Das ist mein Grill! Meiner, hörst du, verflucht noch mal! Meiner!«

Eigentlich hatte sie ihm das Feuerzeug geben wollen, das sie vom Boden aufgelesen hatte. Aber da war plötzlich dieser einzelne, hervorstehende Wollfaden ganz dicht vor ihrem Gesicht, den sie schon seit Wochen hatte vernähen wollen. Er zuckte unter den hektischen, verzweifelten Bewegungen ihres Mannes hin und her. Und Dörte wusste in diesem Moment endlich, wofür diese Schnur da war.

Sie drückte den kleinen Hebel des Grillfeuerzeugs, und die Flamme wuchs augenblicklich munter flackernd aus dem kleinen Rohr hervor.

VERDAMMT, ICH GRILL DICH

von Carsten Sebastian Henn

Es gab schöne Gigs.

Wie den letztens im Altenheim für die niedliche Ommi, die ihren 100. Geburtstag feierte. Naja, also von feiern konnte man nicht direkt reden. Aber Rüdiger hatte den Eindruck gehabt, dass sich einmal ihre Hand im Takt bewegt hatte, als er die »Schwarze Barbara« schmetterte. Konnte natürlich auch eine nervöse Zuckung gewesen sein.

Aber es war ein Gig, bei dem keine Zugaben verlangt wurden. Bei dem er direkt nach dem Auftritt und ohne Feilschen in voller Höhe bezahlt wurde, und bei dem ihm niemand über seine Orgel gekotzt hatte, wie es bei Polterabenden mittlerweile zum guten Ton zu gehören schien.

Rüdiger war nicht sein richtiger Name, sondern sein Künstlername als Alleinunterhalter. »Rüdiger Rakete - Das Gute-Laune-Feuerwerk für Ihre Party!«

Zu Beginn war er als Hubert Hurricane über die Dörfer getingelt, aber das hatten zu viele Leute falsch deutsch ausgesprochen, und dann verlor es jeglichen Schwung. Und den Namen Tony Tornado hatte sich schon ein Alleinunterhalter aus Radevormwald gesichert.

BLUMIGE EISWÜRFEL

Ein besonderer Hingucker für Mineralwasser-Trinker sind Eiswürfel, in die essbare Gartenblüten eingearbeitet sind. Einfach ein paar kleine Rosen- oder Hornveilchen-Blätter, Borretsch-, Schnittlauch-, Pfefferminz-, Thymian- oder Rosmarinblüten mit in die Vertiefungen der Eiswürfel-Box geben, mit Wasser auffüllen und wie gewohnt frieren lassen.

EISBLUMEN

Jetzt also Rüdiger Rakete. Was den Vorteil hatte, dass er das »R« so wunderbar rollen konnte.

»Leute heute ist wieder euer Rrrrrrrüdigerrrrr Rrrrrrakete für euch am Start!«

Sein wirklicher Name hatte einfach nicht denselben Schwung. Als Engelbert Stolzenbach-Salchert brauchte man gar nicht erst zu versuchen, eine Party zu bespaßen.

Für Kindergartenkinder war er Bernd Ballon, für Grundschulkinder Lüdiger Lustig, und vor Teenagern trat er grundsätzlich nicht auf. Diese elenden Bratzen hatten ihm regelmäßig seine Anlage auseinandergenommen.

KILLER-KOTELETTS

KOTELETTS MIT RÖSTZWIEBELN

ZUTATEN FÜR 4 PERSONEN:
- 4 Nackenkoteletts
- 4 Zwiebeln
- Salz, Pfeffer
- Wacholder
- frischer Thymian (gehackt)
- Öl

Das heute versprach ein langer Gig zu werden. Die Familie Ringendahl hatte zu »Grill in den Mai« eingeladen. Aber getanzt wurde auch, und dafür war er zuständig.

Der große Garten hinter dem roten, schwedischen Holzhaus in Villengröße, war mit etlichen, bunten Lichtgirlanden geschmückt, Stehtische mit Hussen waren um die angedachte Tanzfläche aufgebaut, ringsherum lodernde Fackeln.

Als Rüdiger seine Anlage neben den zwei Grills aufbaute – ein riesiger, metallisch glänzender mit Gas und ein optisch schwer was hermachender Schwenkgrill – trat der Hausherr zu ihm. Axel Ringendahl war ein massiger Mann mit glänzender Glatze und prächtigem Rauschebart. Eine Ehrfurcht einflößende Erscheinung.

Ringendahl lehnte sich verschwörerisch zu ihm hinüber.

»Haben Sie alles vorbereitet wie besprochen?«

»Hat mich einiges an Zeit gekostet, aber alles vorbereitet.«

»Gut, gut.«

Ringendahl zahlte das Vierfache des normalen Honorars, was Rüdiger gerade sehr gut gebrauchen konnte. Seit er den Auftrag bei den Bullerichs versaut hatte, weil er »Currywurst« von Herbert Grönemeyer lauthals gegrölt und die Schreie des Publikums als Jubel missdeutet hatte.

ZUBEREITUNG:

Die Zwiebeln schälen, halbieren und in Streifen schneiden. Die Koteletts salzen und pfeffern. Etwas Öl auf eine Grillplatte geben und die Koteletts zusammen mit den Zwiebelringen, dem Wacholder und dem Thymian darauf legen.

Die Koteletts nun von jeder Seite 10-12 Minuten grillen.

Wer keine Grillplatte besitzt, kann die Koteletts auch auf dem mit etwas Öl bepinseltem Rost über der Glut grillen und muss die Zwiebeln separat in einer Pfanne auf dem Herd anbraten.

BBQ-RUB

ZUTATEN
FÜR 1 KLEINES GLAS:

- 40 g brauner Zucker
- 4 EL edelsüßer Paprika
- 1 EL Salz
- 1 EL Knoblauchpulver
- 1 TL Chilipulver
- 1 TL schwarzer Pfeffer (grob zerstoßen)
- 1 TL Oregano
- 1 TL Kreuzkümmel
- 1 EL Abrieb von einer getrockneten Zitronenschale

Zubereitung: Die Zutaten vermischen und in ein Glas mit Schraubverschluss füllen.

Es war die Hochzeit von zwei militanten Veganern gewesen.

Das hatte nicht nur dazu geführt, dass er kein Honorar bekam, sondern auch dass er ihnen Geld gezahlt hatte, damit sie nicht auf allen Bewertungsportalen im Internet schrieben, wie er die wichtigste Feier ihres Lebens verdorben hatte. Er war knietief in den Miesen. Hüfttief eigentlich schon.

»Und nicht vergessen«, fuhr Ringendahl fort. »Sie bekommen das Geld nur, wenn Sie bis zwei Uhr früh spielen, egal was auf der Party passiert.«

»Ja, klar, ich bin doch Profi.«

»Und wenn Sie irgendeiner wegen der Texte fragt, dann sagen Sie ...«

»... dass das ganz allein meine Idee ist.«

»Und Sie hören nicht auf mit den ... dem Fest angepassten Texten. Auf keinen Fall. Verstanden?«

Das hatte er ihm jetzt schon mehrfach eingebläut. »Wie besprochen.«

»Und zu keinem ein Wort, dass das meine Idee war. Ja?«

»Kein Problem. Aber wieso eigentlich?«

»Das hat Sie nicht zu interessieren. Aber ohne Ihr Stillschweigen gibt es kein Geld!«

»Ist doch schön, dass ich zur Abwechslung mal dafür bezahlt werde, den Mund zu halten.« Rüdiger musste über seinen eigenen Witz schmunzeln.

Ringendahl nicht. Er verschwand, um neue Gäste am Gartentor zu begrüßen.

Um die Party in Gang zu bringen, haute Rüdiger direkt nach seiner Begrüßung (»Hallo zusammen, ich heiße Rüdiger Rakete und hier steigt jetzt die Rakete der guten Laune!«) mit Andreas Bouranis »Auf uns« und Glasperlenspiels »Geiles Leben« gleich mal zwei Megakracher raus. Aber die Gästeschar hatte noch nicht das entsprechende Alkohol-Level erreicht, um richtig loszuhotten. Also erstmal ein bisschen Dire Straits und Chris Rea, um eine angenehme Grundstimmung herzustellen.

Plötzlich kam eine langbeinige, blonde Göttin in Kellnerinnenuniform auf ihn zu.

»Sektchen für Sie? Schnäpschen? Aprikosenlikör? Oder lieber ein Bier?«

»Du darfst mich ruhig duzen, so alt bin ich noch nicht. Ich heiße Rüdiger. Und ja, ich nehme sehr gerne ein Bier. Aber nur wenn du mir verrätst, wie du heißt.«

»Gabriele, aber alle sagen für mich Gaby.« Sie lachte.

Sie war fraglos nicht die hellste Kerze auf der Torte, aber mit Abstand die schönste. Und das wollte etwas heißen, denn das Personal war ausnehmend jung und gutaussehend. Viele schienen nicht zu wissen, was sie da genau taten, aber alle waren bemüht.

Der Grillmeister läutete eine große Schiffsglocke, die er oben am Schwenkgrill montiert hatte. Dann rief er »Die Grillsaison ist hiermit eröffnet!«.

Rüdiger haute in die Tasten und spielte Matthias Reims berühmtesten Song.

Mit einem kleinen Dreh:

»Verdammt, ich grill dich, ich grill dich nicht …«

Einige spontane Lacher und sogar ein Johlen erklangen.

Rüdiger schob »Ganz Paris träumt von den Spare Ribs« hinterher. Ringendahl hatte vorher ja extra gesagt: je mehr umgetextete Lieder, umso besser.

Aber nach »Ich will keine Schokolade, ich will lieber einen Schaschlik-Spieß« stand plötzlich eine aufgebrachte Dame vor ihm, deren Frisur aussah wie einer Taft-Werbung aus den 80ern entsprungen.

»Können Sie bitte sofort aufhören, die Liedtexte so zu verhunzen?«

Rüdiger wies auf die Partymeute. »Haben doch alle Spaß daran.«

»Wenn viele Spaß an etwas haben, bedeutete es nicht automatisch, dass etwas eine gute Idee ist. Sonst würden nicht so viele Menschen den ZDF-Fernsehgarten gucken. Also hören Sie einfach damit auf! Umgehend!«

»Und Sie sind?«

»Frau Dr. Ringendahl, die Hausherrin!«

Sie wandte sich ab und ging zurück zu ihrem Mann, der ihr kopfschüttelnd ein Cocktailglas reichte.

Rüdiger spielte als nächstes ein paar unverfängliche Songs, aber Auftrag war Auftrag. Nach einer flot-

ten Zwischenmoderation (»Wie heißen die Steigerungsformen von Rüde? Na? Rüde - rüdiger - Am rüdigsten! Brüller, oder?«) gab er deshalb gleich drei Hits zum Besten, die eigentlich auf keiner Grillparty fehlen durfen: »Mit 17 hat man noch Schichtsalate«, »Weiße Bohnen aus Athen« und »Die Marinade ist ein seltsames Spiel«.

Da kam Frau Dr. Ringendahl wieder angestiefelt. Die Menschenmenge teilte sich wie das Rote Meer vor Mose.

»Haben wir uns vorhin nicht richtig verstanden? Sie sollen aufhören mit diesem Unfug! Mancher Schlager-Text mag medioker sein, aber er ist doch trotzdem ein gestalteter Text, den es in seiner Gesamtheit zu respektieren gilt!«

»Naja, es gibt auch so etwas wie Künstlerische Freiheit.«

»Hören Sie, Freundchen. Ich bin Oberstudiendirektorin und Koordinatorin des Literarischen Kolloquiums an unserem Gymnasium. Dies hier ist ein Lehrerhaushalt und keine Pinte am Ballermann! Sie verderben mit Ihrer Entstellung der Liedtexte auch den Geschmack all der ehemaligen Schülerinnen und Schüler, die heute hier aushelfen. Haben Sie denn keinerlei Scham?«

Sie rauschte wieder ab.

Nein, dachte Rüdiger, Scham hatte er tatsächlich nicht. Als Alleinunterhalter kam die einer Berufsunfähigkeit gleich.

Diesmal sah er, wie Ringendahl seiner Frau mit einer Wodkaflasche das leere Cocktailglas auffüllte. Was lief da nur zwischen den beiden?

Egal, das hier war sein Job, und er brauchte die Kohle. Also nochmal drei Hits vom heißen Rost: Nenas »99 Bratwurstkringel«, Kerstin Otts »Die immer grillt« und als Höhepunkt Helene Fischers »Bauchspecklos durch die Nacht«, das er einer spontanen Eingebung folgend wie bei einem Medley in »Da Da Da, ich grill dich nicht, du grillst mich nicht« übergehen ließ.

Diesmal rannte die Hausherrin fast auf ihn zu.

»Ich warne Sie noch einmal! Das allerletzte Mal! Wenn ich noch einmal das Wort Grillen höre, dann ramme ich Ihnen eigenhändig Ihr Mikrofon in den Schlund! So wahr ich Dr. Margarethe Ringendahl heiße! Ich behalte Sie im Auge! Und im Ohr!«

TOTGERASPELT

ZUTATEN

FÜR 4 PERSONEN:

- 4 dicke Möhren
- 1/2 TL Ras al hanout (orientalische Gewürzmischung), alternativ Curry
- 2 EL Rosinen
- Saft von 1/2 Zitrone, nach Geschmack auch mehr
- 4 EL Öl
- 1 TL Honig
- Salz, Pfeffer
- 2 EL geröstete Pinienkerne oder alternativ gehackte Nüsse oder Sesam
- 1 kleiner Bund gehackte Petersilie oder Koriandergrün

ZUBEREITUNG:

Die Möhren schälen und mit dem Sparschäler in feine Streifen schneiden. Die bandnudelähnlichen Streifen in etwas Salzwasser dünsten. Den Saft der Zitrone, das Öl und den Honig vermengen. Mit Salz, Pfeffer und der orientalischen Gewürzmischung abschmecken. Das Dressing über die abgetropften Möhrenstreifen geben, die Rosinen zugeben und alles gut vermengen. Kurz vor dem Servieren mit gerösteten Pinienkernen und gehackten Kräutern überstreuen.

Okay, so ging das echt nicht weiter. Wo war denn bloß ihr Ehemann? Sein Auftraggeber? Rüdiger blickte sich suchend um, sah ihn aber nirgends.

Der Song kam aus der Konserve. »Und jetzt ›Er gehört zu mir‹ von der Marianne, der Rosenberg. Damenwahl!«

Normalerweise machte er das nur, um zwischendurch mal schnell auf die Toilette huschen zu können, oder wenn er seine Viertelstunde Pause einlegte, die ihm alle 90 Minuten zustand.

Rüdiger suchte Ringendahl in der feiernden Menge, im Haus, im Vorgarten, beim Personal. Nirgends war der Hausherr zu sehen. Ob er sich wohl irgendwo im Garten erleichterte? Aber doch nicht so lang, oder? Rüdiger ging trotzdem weiter und weiter in den ausgedehnten Garten hinein, an dessen Ende ein kleines Gartenhäuschen stand, ebenfalls im schwedischen Holzstil errichtet, aber in Gelb gestrichen.

Es machte Geräusche.

Gartenhäuser gaben für gewöhnliche keine Geräusche von sich.

Ein Wummern und Ächzen.

Rüdiger trat näher und linste von der Seite durch das Fenster. Erst als sich seine Augen an die Dunkelheit gewöhnt hatten, reichte ihm das von der Party bis hierhin scheinende Licht aus, um im Inneren den Hausherren und die langbeinige Gabriele auszumachen, die ihre lange Beine gerade um Ringendahl geschlungen hatte.

So sah die Chose also aus.

Er war also nur ein Werkzeug, um die ungeliebte Ehefrau zu beschäftigen.

Rüdiger zuckte mit den Schultern. Da konnte er mit leben. Vor allem, weil er Ringendahl dafür einen satten Zuschlag berechnen würde.

Der leichte Wind trieb den köstlichen Duft der saftigen Koteletts mit Röstzwiebel vom Grill zu ihm herüber. Es gab noch zwei Lieder vom Band – Zeit genug, sich etwas davon zwischen die Zähne zu schieben. Allerdings ohne Zwiebeln, die blähten immer so. Und niemand wollte einen vor sich hin gasenden Alleinunterhalter hören. Das war erst dann lustig, wenn das Blut der Gäste einen Promillegrad erreicht hatte, mit dem man es auch als Feuerzeugbenzin einsetzen konnte.

Schließlich wurde ein großes, saftiges Stück mit schönem Knochen für ihn auf einen Teller gelegt. Dazu gab es orientalischen Möhrensalat, der aufgrund seiner Gewürze regelrecht belebend schmeckte. Das war gut, denn der Abend würde noch lang werden.

»Gleich mach ich noch gegrillte und flambierte Obstspieße«, sagte der Grillmeister, und zwinkerte ihm vielversprechend zu. »Mit viel Schokolade! Ich heb dir einen auf, wenn du gleich was von der Helene Fischer spielst.«

»Für einen Obstspieß würde ich sogar die Don Kosaken spielen.«

»Ne, mach mal lieber die Helene.«

Zurück an seiner Orgel legte Rüdiger trotzdem erstmal mit dem Hit der »Toten Hosen« los, der zum Lied der Fußball-EM 2012 avanciert war.

»An Grilltagen wie diesen!« schmetterte er direkt den Refrain und wandelte ihn im Folgenden augenzwinkernd um in »An Grillwagen wie diesen« und in »An Grillagen wie diesen«. Das Wort bedeutete zwar eigentlich Krokant, aber es klang doch wie der französische Begriff für das, was sich auf dem Rost befand!

Danach machte Rüdiger mit »Lachs, das war sein letztes Wort«, »Grillkummer lohnt sich nicht, my Darling« und »Skandal im Grillbezirk« weiter.

Und da kam auch schon wieder die Hausherrin.

Diesmal mitsamt ihrem vorbildlichen Ehemann, der von der kleinen Nummer im Gartenhaus etwas ausgelaugt wirkte.

»Jetzt sag du es ihm!«, brüllte sie ihm ins Ohr und schubste ihn dann nach vorn.

»Sie müssen mit diesen leider gar nicht lustigen Verballhornungen sofort aufhören!«

»Aber Sie haben doch …«

»Was habe ich? Gesagt, dass Sie für gute Stimmung sorgen, das habe ich gesagt. Aber sehen Sie bei meiner Frau gute Stimmung? Na also! Jetzt spielen Sie die Lieder so, wie sie geschrieben wurden!«

Rüdiger kniff irritiert die Lippen zusammen.

Dann zwinkerte Ringendahl ihm verschwörerisch zu, und er verstand.

»Die Liebe ist ein seltsames Spiel«, dachte Rüdiger und sang es dann auch direkt. Als er in die Partymenge blickte, sah er, wie Ringendahl das Glas seiner Ehefrau nachfüllte. Mit Wodka pur.

Vielleicht beruhigte sie das.

Rüdiger wartete ein wenig, bis er mit »Alles hat ein Ende, nur die Wurst hat zwei« das Wasser testete. Gegen dieses Lied konnte sie ja nichts einwenden, oder? Dann wurde er etwas albern, denn es machte ihm einfach so viel Spaß. Und er fuhr fort mit »Es fährt ein Grill nach Nirgendwo«, bevor er alle bat, ihre Feuerzeuge herauszuholen für die große Grill-Hymne.

»Wisst ihr, was das Einzige ist, was fehlt?«

»Freiheit?«, kam es von einem Mann, der so torkelte, als würde er den Kampf gegen die Schwerkraft sehr bald verlieren.

»Nein!«, antwortete Rüdiger. »Nicht Freiheit, sondern Grillzeug! Grillzeug war das Einzige, was fehlt!«

Marius Müller-Westernhagen hätte sich im Grab umgedreht – wenn er schon tot wäre.

Das ließ sich nur mit »Im Wagen vor mir grillt ein junges Mädchen« toppen. Er konnte einfach nicht aufhören! Als er zu »Schön ist es auf dem Grill zu sein« ansetzen wollten, näherte sich schon wieder die aufgebrachte Hausherrin.

Rüdiger hatte gar nicht mitbekommen, dass die Obstspieße mit Schokolade inzwischen schon fertig waren. Hatte er nicht extra ein Lied von Helene Fischer für einen davon gespielt? Sogar zweimal, damit er zwei bekam?

Auf jeden Fall kam die Hausherrin mit einem Obstspieß bewaffnet auf ihn zu.

»Sie!«

Rüdiger hob abwehrend die Hände. Das wurde ihm jetzt aber ein bisschen zu heiß. »Hören Sie, Ihr Mann hat das mit den Liedtexten genau so in Auftrag gegeben. Reden Sie lieber mal mit ihm.«

»Er hat gesagt, dass Sie genau das behaupten würden.« Ihre Stimme überschlug sich vor Wut.

Jetzt erst fiel Rüdiger auf, dass es keinerlei Unterlagen gab, die belegten, dass Ringendahl ihm diesen Spezial-Auftrag erteilt hatte. Keine Mail, keine Nachricht auf seinem AB, alles war nur mündlich vereinbart worden.

»Augenblick, ich lasse was vom Band laufen, dann können wir in Ruhe reden.«

Nochmal Helene Fischer. Vielleicht bekam er dann endlich seine Obstspieße.

Aber Frau Ringendahl wollte nicht mehr reden. »Sie Unmensch!«

»Ruhig, ruhig! Ich singe jetzt nur noch die Originale, in Ordnung?«

Sie kam hinter die Anlage zu ihm und stieß ihn voller Wut zu Boden. Rüdiger hatte überhaupt nicht mit dem Stoß gerechnet, deshalb holte er ihn auch von den Beinen. Sie stand über ihm wie eine erzürnte Walküre. Ihre Taft-Frisur stand vom Kopf ab wie ein Flammenkranz. Dann stürzte sie sich auf ihn.

»Ich ...«, Frau Dr. Ringendahl holte weit aus und stieß den Obstspieß in seine Brust, bis zum Anschlag wo die köstlichen Schoko-Früchte begannen, »... glaube ...«, wieder ein Stich, Blut trat in erklecklicher Menge aus »... Ihnen ...«, noch einer, diesmal stieß sie auf einen Knochen, »... nicht!«

VITAMINE FATALE

ZUTATEN FÜR 10-12 SPIESSE:

Für die Schokoladensoße
- 200 g Schokolade
- 200 ml Sahne
- nach Geschmack etwas Vanillezucker oder Zimt
- Schaschlikspieße oder Holzspieße (letztere für gut 10 Minuten in kaltes Wasser legen)

Für die Marinade
- 2 EL brauner Zucker
- 2 EL Zitronen- oder Limettensaft
- nach Geschmack etwas Vanillezucker oder Zimt

Für die Obstspieße
- 1 Apfel
- 1 Banane
- 1 Pfirsich oder 2 Aprikosen
- 1 Kiwi oder 1 Baby-Ananas
- 8 Erdbeeren oder große Kulturheidelbeeren

Für das Flambieren
- etwas brauner Zucker
- 50 ml Orangenlikör oder Rum

ZUBEREITUNG:

Aus den angegebenen Zutaten eine Marinade rühren.
Diese etwas ziehen lassen, bis sich der Zucker aufgelöst hat.
Das Obst schälen und in kleine Stücke schneiden.
Die verschiedenen Obstsorten abwechselnd auf die Spieße aufreihen und mit der Marinade bepinseln.
Die Spieße gut 4-6 Minuten unter Wenden auf dem Grill garen.
Das Obst sollte noch etwas Biss haben. In der Zwischenzeit die Schokolade mit der Sahne in einem feuerfesten Gefäß auf dem Grill parallel erhitzen und schmelzen lassen.
Die Obstspieße auf einem feuerfesten Serviertablett drapieren und mit etwas braunem Zucker bestreuen.
Zum Flambieren die nötigen Sicherheitsvorkehrungen treffen.
Den Orangenlikör in eine Metallkelle geben, mit einem Stabfeuerzeug oder langen Streichholz erwärmen, über die Fruchtspieße geben und entzünden. Sobald die Flamme erlischt, die Spieße mit der warmen Schokoladensauce servieren.

Er versuchte sich zu befreien, aber sie kniete auf seinen Oberarmen. Dann hielt sie ihm mit einer Hand brutal die Nase zu und riss mit der anderen die Schokofrüchte vom Spieß. »Damit stopf ich dir jetzt dein dreckiges Maul. Für jedes ›Grill‹, das du in ein hilfloses Lied gesteckt hast, eine Frucht.«

Rüdiger bekam es mit der Angst zu tun. Warum half ihm bloß niemand? Fruchtstück um Fruchtstück wanderte in seinen Mund, und er konnte nicht mehr rufen. Stattdessen röchelte er und rang nach Luft. Rüdiger fragte sich, woher sie die ganzen Früchte hatte, die sie aus den kleinen Taschen ihres Bolero-Jäckchens zog. Und plötzlich fand er Schokolade überhaupt nicht mehr so toll.

Er versuchte seinen Kopf wegzudrehen, trat mit seinen Beinen aus, versuchte sich freizuringen, aber all das half nichts.

Helene Fischer hörte auf zu singen.

Und Rüdiger hörte auf zu atmen.

Frau Dr. Ringendahl drückte trotzdem immer weiter Obststücke in seinen Mund hinein.

Bis eine kräftige Hand sie an der Schulter packte, zurückkriss, und dann bei Rüdiger das Heimlich-Manöver anwandte. Das ganze Obst kam in hohem Bogen wieder zum Vorschein.

Es war der Grillmeister, der ihm seine Portion Obstspieße bringen wollte.

Als Rüdiger endlich wieder Luft bekam, griff er sich hastig das Handy, rief die Polizei und dann den Notarzt, denn er wusste nicht, wie es sich mit Schokolade und Fruchtstücken in offenen Wunden verhielt.

Die Polizei glaubte ihm leider überhaupt nicht, dass Herr Oberstudiendirektor Ringendahl ihn dazu genötigte hatte, die Liedtexte zu verändern, wohl aber, dass Frau Ringendahl offensichtlich geisteskrank und gefährlich war. Sie gehörte in eine geschlossene Anstalt, und zwar sofort, da war man sich einig.

LIKÖR FÜR DIE LEICHE

ZUTATEN FÜR 1 ANSATZGLAS:

- 500 g reife Aprikosen
- 200 g Kandiszucker
- 1 Vanillestange
- 1 Zimtstange
- 4 Gewürznelken
- Abrieb von 1 Bio-Orange
- 0,7 l Wodka

ZUBEREITUNG:

Die Aprikosen entkernen und vierteln.
Die Vanillestange längs aufschlitzen.
Die Aprikosen abwechselnd mit dem Kandiszucker und den Gewürzen in das Ansatzglas
schichten. Mit Wodka übergießen und
verschließen. Rund 3 Monate durchziehen
lassen. Der Likör sollte eine gelbgoldene
Farbe haben. Den Ansatz abfiltern und in
Schraub- oder Bügelflaschen füllen.

APRIKOSEN-LIKÖR

Herr Ringendahl entschuldigte sich vielmals für alles, was passiert war. Das habe er nun wirklich nicht gewollt, es sei nur darum gegangen, seine geliebte Frau etwas zu foppen, aber was sich da bei ihr gezeigt habe, sei ja wirklich erschreckend.

Er zahlte Rüdiger aus und legte sogar noch ein paar große Scheine drauf.

Dafür könne er dann ja davon absehen, irgendjemandem zu erzählen, wer in Wirklichkeit die Idee mit den Liedtexten gehabt hätte. Herr Ringendahl meinte, das würde einen Oberstudiendirektor wie ihn womöglich in einem merkwürdigen Licht dastehen lassen.

Rüdiger ließ die Erinnerung an diesen Abend in den nächsten Wochen nicht los. Zuerst machte er einen großen Bogen um das rote Holzhaus, aber irgendwann zog es ihn wie magisch wieder dorthin. Er hielt mit dem Wagen davor an und stieg aus, um einen Blick in den Garten zu werfen, wo das Schoko-Obst ihn fast das Leben gekostet hätte.

Es war schönes Wetter und Herr Ringendahl stand in kurzen Hosen am Grill. Neben ihm auf einer Sonnenliege lag oben ohne sonnenbadend die sorgsam eingeölte Gabriele.

Rüdiger mochte es gar nicht, benutzt zu werden.

Und er mochte es sogar noch weniger, dass Herr Ringendahl mit seinem Leben gespielt hatte, nur um fortan ungestört mit seiner jungen Liebe zusammen sein zu können. Vermutlich mit allen Geldmitteln seiner Frau, die vermutlich ganz schnell entmündigt werden würde.

Sie hatten die Rechnung zwar nicht ohne den Wirt gemacht.

Aber ohne den Alleinunterhalter.

Rüdiger fuhr zur Tankstelle und füllte seinen Reservekanister bis oben hin voll.

Den Inhalt verschüttete er am Sockel des Hauses der Ringendahls.

Und dann entzündete er es mit seinem Sturmfeuerzeug.

Als er den Motor startete und gemächlich von dem inzwischen lichterloh brennenden Haus fortfuhr, sang er vergnügt ein Lied, das 1962 für Gerd Böttcher zu einem großen Hit geworden war:

»Für Gaby grill ich alles …«

KNUSPER, KNUSPER, KNÄUSCHEN

von Ralf Kramp

V or einem großen Walde wohnte ein armer Holzhacker mit seiner Frau und seinen zwei Kindern. Das Bübchen hieß Hänsel und das Mädchen Gretel. Die beiden Kinder waren fett, pickelig und verfressen. Statt der Muttermilch hatten sie schon um Fleischbrühe gebettelt, und anstelle des Hirsebreis musste ihnen die Mutter fast täglich fetten Schweinsbraten mit Klößen servieren, sonst schrien sie das ganze Haus zusammen. So ging es Jahr um Jahr, und während die beiden Kinder immer schwerer und speckiger wurden, waren die Eltern bald dünn wie die Gartenrechen und wurden zusehends schwächer und wehrloser.

Wie der Holzhacker sich nun eines Abends im Bett Gedanken machte und sich vor Sorgen herumwälzte, seufzte er und sprach zu seiner Frau: »Was soll aus uns werden? Wie können wir unsere armen Kinder ernähren, da wir für uns selbst nichts mehr haben?«

»Weißt du was, Mann«, antwortete die Frau, »wir wollen morgen in aller Frühe die Kinder hinaus in den Wald führen, wo er am dichtesten ist. Da machen wir ihnen ein Feuer an und geben jedem noch

ABGESOFFEN

DETOX-WATER

ZUTATEN:
- 1 Liter kohlensäurearmes Wasser
- 1 Bio-Zitrone oder 2 Limetten
- 1/2 Salatgurke oder Zucchini
- 1 Stängel Minze
- 1 Zweig Rosmarin

ZUBEREITUNG:
Das Wasser in eine Karaffe füllen. Die Zitrone und Salatgurke waschen, in feine Scheiben schneiden und zum Wasser geben, nach Geschmack Minze und Rosmarin zugeben. Das Wasser eine gute Stunde im Kühlschrank durchziehen lassen und genießen.

einen Kessel voll Bockwürste und einen großen Rosinenkuchen. Dann gehen wir an unsere Arbeit und lassen sie allein. Sie finden den Weg nicht wieder nach Haus und wir sind sie los.«

Der Holzhacker seufzte sehnsuchtsvoll. »Das wäre zu schön, um wahr zu sein. Wir wären die verfressene Brut endlich los und könnten uns demnächst selbst einmal ein Zipfelchen Wurst gönnen, ohne dass die Gierschlunde es uns vom Teller grabschen!«

Mit diesem Plan im Sinn schliefen sie ein.

Am nächsten Morgen brach die Familie schon vor dem Morgengrauen auf. Die Kinder gähnten und maulten, denn normalerweise schliefen sie immer bis zum Mittag. Die Bockwürste und den Rosinenkuchen hatten sie im Nu verputzt, und hätte die Mutter ihnen nicht noch zwei Laibe Brot, ein halbes Käserad und ein Eimerchen Rote Grütze dagelassen, hätten sie schon nach einer halben Stunde wie am Spieß geschrien und sich auf die Suche nach den Eltern gemacht. So aber schliefen sie halbwegs gesättigt ein und erwachten erst wieder, als sie am frühen Abend der Hunger quälte.

Sie waren eine Stunde in den immer dichter und dunkler werdenden Wald hineingegangen, da sahen sie ein schönes schneeweißes Vöglein auf einem Ast sitzen. Das sang so schön, dass sie stehenblieben und ihm zuhörten.

»Ob das schmeckt?«, fragte Hänsel gequält.

»Egal, Hauptsache was zu essen«, knurrte Gretel.

Aber sie waren viel zu fett und aufgedunsen, um es zu fangen. Und so trampelten sie verzweifelt hinter dem davonfliegenden Vöglein her und stellten es sich gegrillt, geschmort, paniert oder im Bierteig gebacken vor, bis sie zu einem Häuschen gelangten, auf dessen Dach es sich setzte, und als sie ganz nah herankamen, so sahen sie, dass das Häuslein aus Honigkuchen gebaut war, und mit Plätzchen und Lebkuchen gedeckt, und die Fenster waren von hellem Zucker. In der Luft hing ein köstlicher Duft von Geröstetem, und mit sabberndem Mund und gierigen Fingern machten sich

PILZGEFAHR

ZUTATEN
FÜR 2 PERSONEN ALS VORSPEISE ODER BEILAGE:

- 4 Riesenchampignons
- 500 g Kartoffeln
- 1 Stich Butter
- 100 ml lauwarme Milch
- 125 g Schmand
- 125 g geriebener Käse (vorzugsweise Gruyère)
- frische Kräuter
- Salz, Pfeffer, nach Geschmack
- etwas gepressten Knoblauch

die Kinder sogleich über die gebackenen Dachschindeln her.

Im Inneren des Häuschens probierte die Hexe gerade zum ersten Mal das fremdartige Getreide aus, das ihr eine befreundete Zauberin vom anderen Ende der Erde aus den Anden mitgebracht hatte. Sie hatte es mit Käse vermengt und daraus runde

ZUBEREITUNG:
Die Portobello-Pilze säubern und beiseite legen.
Die Kartoffeln waschen und schälen. Als Salzkartoffeln aufsetzen und garkochen. Nach dem Abschütten die Kartoffeln mit der Butter und der lauwarmen Milch sämig stampfen. Den Schmand und den geriebenen Käse sowie die gehackten Kräuter sofort unterziehen.
Die Pilze mit dem Hut nach unten legen und mithilfe eines Teelöffels die Füllung auf jedem Pilz verteilen und glatt streichen.
Die Pilze in eine Grillschale setzen und in der Außenzone (Holzkohlegrill) gut eine halbe Stunde garen.

Taler geformt. Die kleinen Buletten schmurgelten vor sich hin, und zwischen den schmiedeeisernen Stäben des Grillrosts fiel immer wieder das ein oder andere Tröpfchen Fett hinunter in die heiße Glut, dass es nur so zischte und spritzte. Und der Duft erfüllte ihr ganzes Hexenhaus, sodass ihr das Wasser im Mund zusammenlief. Die schwarze Katze streifte ihr dabei vorfreudig um die Beine, und ihr Rabe rieb seinen Schnabel an ihrem eisgrauen Dutt, so als schärfe er sein Essbesteck.

Sie hatte vor Jahren schon aufgegeben, den großen Ofen anzuheizen. Auf dem Rost im Kamin ließ sich viel leichter ein schmackhaftes Mahl für eine ein-

KIMME UND KORN

QUINOA-KÄSE-TALER

ZUTATEN
ZUTATEN FÜR CIRCA 20 STÜCK:
- 200 g Quinoa (gekocht, abgekühlt und abgetropft)
- 4-5 EL Maisgrieß
- 2 Eier
- 250 g würziger Gouda, Edamer oder Parmesan (gerieben)
- 1 Spitzpaprika
- 2 Möhren
- 1 kleiner Bund Lauchzwiebeln
- 2 Schalotten
- 2 TL frische gehackte oder getrocknete Petersilie
- Salz und Pfeffer
- Fett für die Pfanne

ZUBEREITUNG:
Den Quinoa zusammen mit dem Maisgrieß, den Eiern und dem geriebenen Käse vermengen. Die Gemüse putzen. Den Paprika und die Schalotten fein würfeln. Die Lauchzwiebeln in Ringe schneiden. Die Möhren grob raspeln. In einer Pfanne die Gemüse in etwas Fett andünsten, bis sie fast gar sind. Etwas abkühlen lassen und unter die Quinoa-Masse heben. Diese mit Salz und Pfeffer abschmecken.

In einer Pfanne den Teig portionsweise in ausreichend Fett zu kleinen Küchlein ausbacken. Die Küchlein von beiden Seiten goldgelb braten und auf einem Küchenkrepp abtropfen lassen. Die Küchlein auf dem Grill kurz erhitzen und etwas nachbräunen lassen.

Wenn Sie im Besitz einer Grillplatte sind, können Sie die Küchlein natürlich auch direkt auf dem Grill von jeder Seite circa 5 Minuten braten. Hierfür die Grillplatte mit ausreichend Öl bestreichen.

zelne, alte Frau zubereiten. Sie briet auch keine Wildschweine mehr und keine Rehkitze, die Jagd war ihr viel zu beschwerlich geworden.

Nur noch einen Moment, und ihr Essen würde fertig sein. Sie hatte dazu noch gefüllte Champignons zubereitet und einen köstlichen Brotsalat.

Da vernahm sie mit einem Mal ein undeutliches Geräusch von draußen. Es klang wie ein Kauen, ein Mampfen.

Sie rief: »Knusper, Knusper, Knäuschen! Wer knuspert an meinem Häuschen?«

Und mit einem Rülpsen und Schmatzen antwortete jemand: »Der Wind, der Wind, das himmlische Kind!«

Hexen haben rote Augen und können nicht weit sehen, aber sie haben eine feine Witterung, wie die Tiere, und sie merken es, wenn Menschen sich nähern.

Sie erkannte also sogleich, dass dort draußen etwas nicht mit rechten Dingen zuging. So schnell ihre alten Beine sie trugen, wackelte sie aus der Tür. Der Rabe flatterte auf ihrer Schulter aufgeregt mit den Flügeln.

Draußen sah sie die Bescherung. Zwei dicke, hässliche Kinder brachen Stücke vom Dach ihres Häuschens ab und kauten daran herum. Die Katze fauchte wütend.

»He!«, rief die Hexe. »Was fällt euch denn ein?«

»Wir haben Hunger!«, grunzte der Junge und riss ein weiteres Stück Lebkuchen ab, um es sich in den Mund zu stopfen.

»Aber das ist mein Häuschen!«

»So schmeckt es auch«, maulte das Mädchen. »Staubtrocken und zäh sind die Plätzchen!«

»Die sind glutenfrei und aus gesundem Maismehl!«

»Gibt es hier auch was zu trinken? Most oder Honigwein?«

»Most? Honigwein?« Die Hexe betrachtete verblüfft die beiden kugelrunden Gestalten, die ihr ein Loch ins Dach fraßen.

»Kommt rein, kommt rein«, rief sie verzweifelt. »Drinnen gibt es köstlichen Apfelsaft und auch etwas Herzhaftes zu essen!« Hauptsache, sie brachte die Fresssäcke dazu, von ihrem Häuschen abzulassen.

Und ihr Plan ging auf. Die beiden Kinder stürmten nach drinnen und fielen über die saftigen Getreidetaler her. »Das sollen Buletten sein? Da ist ja gar kein Fleisch drin!«, plärrte Hänsel.

»Aber das sind doch Quinoa-Käse-Taler«, beschwor ihn die Hexe. »Ein wertvolles Getreide von der anderen Hälfte der Erdkugel! Eisen und Folsäure sind darin, Magnesium, Zink und Mangan! Schon 100 Gramm decken 25 Prozent des Tagesbedarfs an Eisen, 50 Prozent an Magnesium und mehr als 100 Prozent an Mangan ab!«

»Verdammt, das ist mir so was von egal!«, rülpste Hänsel. »Man grillt doch kein Getreide! Und keinen Käse! Ich will Fleisch!« Und er schaufelte sich drei Taler gleichzeitig in den Rachen, ganz gleich, wie heiß sie noch waren.

»Bah, und in dem Salat sind lauter Brotkrusten!«, rief Gretel angewidert. »Die muss uns zuhause immer die Mutter von den Stullen abschneiden!«

»Wenn man auf Cholesterin und Harnsäure achtgeben muss, ist das ein fabelhafter Salat!«, erklärte die Hexe mit Nachdruck.

»Fleisch! Fleisch! Fleisch!«, kam es im Chor aus den beiden Mündern in den aufgedunsenen Gesichtern.

»Denkt an Eure Gesundheit, Ihr lieben Kleinen!«, flehte die Hexe. »An Diabetes mellitus und an Bluthochdruck! Denkt an Herz, Gefäße, Magen und Darm!«

»Oh ja, Darm!«, riefen die Beiden freudig. »Gefüllter Darm! Wurst! Wurst! Wurst!«

TOD UND BROT

ZUTATEN FÜR 4 PERSONEN:
- 1/2 altbackenes Weißbrot (Ciabatta oder Baguette) oder 4 Toastscheiben
- 1 Gurke
- 2 gelbe und zwei rote Paprika
- 80 g getrocknete Tomaten
- Oliven oder Kapern nach Geschmack
- 1 rote Zwiebel oder Schalotte
- 2 Mozzarella-Kugeln oder Käse-Reste

Für das Dressing
- 8 EL Olivenöl
- 4 EL heller Balsamico-Essig
- Pfeffer, Salz, Zucker
- Dijon-Senf
- getrockneter oder frischer Basilikum

PANZANELLA
(ITALIENISCHER BROTSALAT)

ZUBEREITUNG:

Das Weißbrot in Stücke schneiden und in einer Pfanne mit den Sonnenblumenkernen anrösten. Die getrockneten Tomaten kleinschneiden und mit etwas heißem Wasser überbrühen und gut 10 Minuten ziehen lassen. Die Zwiebel schälen und in feine Ringe schneiden. Die Gemüse putzen und in Würfel schneiden. Den Käse ebenfalls würfeln.

Aus den angegebenen Zutaten ein Dressing rühren und es mit den Salat-Zutaten samt den getrockneten Tomaten und ihrem Sud vermischen.

Den Salat etwas durchziehen lassen. Die Brotwürfel erst kurz vor dem Servieren untermengen, sodass sie etwas Biss behalten.

Da verfiel die Hexe auf eine List. »Ich habe wohl noch einen Kringel Wurst und einen Schinken im kleinen Ställchen hinterm Haus«, raunte sie. »Das habe ich mir für einen Festtag aufgespart.«

Und mit überquellendem Kinnwasser und gierig zappelnden Wurstfingern folgten ihr die Kinder hinters Haus, und als sie in das Ställchen schlüpften, um sich über den angeblichen Vorrat der Hexe herzumachen, stieß diese hinter ihnen die Gittertür zu und schob den schweren Riegel vor.

Dann lachte sie meckernd. »Ihr habt es gut getroffen, ihr armen kleinen Wesen, dass ihr zu mir gekommen seid. Ich habe einen gewissen Ruf im Hexenzirkel, und ich kann Euch mit einer besonderen Diät helfen, euren Säure-Basen-Haushalt wieder ins Gleichgewicht zu bringen.«

»Diät?«, kam es wie aus einer Kehle.

»Nur zwei bis drei Wochen!«, frohlockte die Hexe. »Viel Obst, Milch und Gemüse!«

»Gemüse?«

Die Katze strich zufrieden schnurrend am Gatter vorbei und schien die Kinder hämisch anzugrinsen.

»Ja, Gemüse! Spinat, Karotten, Sellerie, Brechbohnen, Blumenkohl, Wirsing, Erbsen, Tomaten, Gurken und rote Rüben!« Es klang wie ein Zauberspruch, als die Hexe dabei von einem Bein aufs andere hüpfte.

»Aber wir wollen keine Diät!«

»Ich werde euch entsäuern und entschlacken! Mit Ballaststoffen, Proteinen, Mikronährstoffen und Antioxidantien!«

Der Rabe umflatterte die tanzende Hexe fröhlich krächzend.

Die Kinder begannen bitterlich zu weinen und wälzten sich vor Kummer auf dem staubigen Boden, aber die Hexe hatte kein Mitleid. Sie ging in ihr Häuschen, stopfte sich Bienenwachs in die Ohren und setzte sich wieder vor ihren Grillrost. Ein einziger Quinoa-Taler war noch übriggeblieben. Den aß sie genüsslich mit dem herrlich fri-

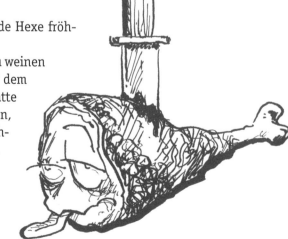

schen Salat und einem wohlduftenden Riesenchampignon, den sie mit feinsten Zutaten gefüllt hatte. Dazu trank sie herrlich kühles, am Vortag frisch angesetztes Detox-Wasser. So würde sie hundertfünfzig Jahre und mehr werden!

Hernach ging sie zu Bett, um Kräfte für die vor ihr liegenden Tage der Ernährungsberatung zu sammeln.

Im Folgenden widmete sie sich fast ausschließlich den beiden Kindern, die tagein, tagaus abwechselnd brüllten, heulten, drohten und flehten. Sie sammelte im Wald ringsumher Nüsse, Samen und Beeren und plünderte die umliegenden Vorratskammern mehrerer Eichhörnchenfamilien.

Eines Morgens war die fette Katze verschwunden, aber der Hexe fiel es gar nicht auf, da sie mit der ständigen Überarbeitung des Diätplans beschäftigt war.

Als sie, kurzsichtig, wie sie war, am Abend den Hänsel darum bat, ihr den Finger durch die Gitterstäbe zu stecken, freute sie sich sehr. Er fühlte sich schon viel dünner an! Das Kind schien mächtig an Gewicht verloren zu haben! Und das schon nach so wenigen Tagen!

Es war aber nur ein Knöchlein von einem Tier gewesen, das sie da ertastet hatte.

Sie aber verfolgte mit wachsendem Eifer ihren Plan und kochte eimerweise Ingwertee, bereitete Gemüseburger, Rohkostwraps und vegane Pfannkuchen und experimentierte mit Chiasamen, Grünkern und Sojasprossen.

Die Bienenwachspfropfen nahm sie in all der Zeit nicht aus den Ohren, und so hörte sie auch nicht die panischen Schreie des Raben, der sich eines Tages dem Ställchen zu sehr genähert hatte. Und sie sah auch nicht die schwarzen Federn, die ringsherum lagen.

Aber sie fühlte das Knöchelchen, das ihr am Abend statt eines Fingers entgegengestreckt wurde. Das fühlte sich nun noch dünner und noch magerer an, und die Hexe beschloss, dass die Diät von Erfolg gekrönt war, und dass es nun an der Zeit war, die zweifellos erschlankten und geläuterten Kinder ins Freie zu entlassen.

»So, ihr Lieben«, krächzte sie am nächsten Morgen. »Heraus mit euch, heraus! Drinnen wartet auf euch ein leckeres Müsli aus Haferflocken, Mandelmilch, Sonnenblumenkernen, Sesam und frischem Obst! Und ein Petersilien-Gurken-Smoothie mit Birnen.«

Als der Riegel beiseitegeschoben war, fielen die beiden immer noch unsagbar fetten Kinder mit Gewalt über sie her. Die Schreie der Hexe schallten durch den

Wald, und nur die Eichhörnchen hörten sie. Und denen war es egal, was mit der gemeinen Diebin geschah, die ihre Wintervorräte gestohlen hatte.

Gretel feuerte mit dem Blasebalg die Glut unter dem Gitterrost an, und schon eine Stunde später strich der köstliche Duft von geröstetem Fleisch durch den Wald.

Als Hänsel und Gretel endlich satt waren, machten sie sich auf den Heimweg. Dieses Mal würden sie die Richtung nicht verfehlen, und sie würden auch nicht vom Weg abkommen. Schon bald würden sie wieder das Haus ihrer Eltern erreichen.

Bei dem Gedanken daran umfasste Hänsel ganz fest den Griff der Axt, die er an sich genommen hatte, und seine Schwester Gretel wetzte derweil bei jedem Schritt das lange, scharfe Messer.

Sie waren jetzt auf den Geschmack gekommen!

HAUT UND KNOCHEN

von Ralf Kramp

Sie kamen zu dritt in einem Van mit getönten Scheiben: die dicke Vicky, die rothaarige Maggie und die große, breitschultrige Imke trugen Sonnenbrillen und dufteten nach Sonnenmilch. Ihre Freundin Marthe hatte sie beschworen, auf der Fahrt an die Ostsee unbedingt einen Zwischenstopp bei ihr einzulegen. Mitten im Nirgendwo der Uckermark. Der Sommer war heiß und trocken, Staubwolken umwaberten den Wagen, als sie auf dem unbefestigten Platz vor dem alten Gehöft hielten.

Sie hatten sich nicht mehr gesehen, seit Marthe und ihr Roald vor vier Jahren aus Hannover hier hinaus in die Einöde gezogen waren. Entsprechend groß war die Wiedersehensfreude, als sich die vier Frauen nun in den Armen lagen. Sie quiekten und hüpften auf und ab wie die Teenies. Marthes Haut war um einige Schattierungen dunkler als die ihrer Großstadtfreundinnen. Es war die Art von Bräune, die man bei der Arbeit in der freien Natur bekam.

Der Geruch von entzündeter Grillkohle hing in der Luft.

»Essen!«, jubelte Vicky. »Ich sterbe vor Hunger! Wir haben an keiner Raststätte gehalten!«

»Aber erst auf die Toilette!« Maggie trat von einem Fuß auf den anderen.

»Oh ja, aufs Klo!«
»Ich zuerst!«
»Nein, ich!«
»Ich!«

Eine halbe Stunde später saßen sie hinter

ICH GEB MIR DIE KUGEL

BUTTERKUGELN

Besonders attraktiv sieht es aus, wenn man die Butter fürs Grillbuffet zu Kugeln rollt. Die Butter nach Rezept würzen und kurz in den Kühlschrank stellen. Dann kleine Butterstücke abstechen und mit den Händen zu Kugeln rollen und in Schnittlauchröllchen wälzen. Auch nach dem Rollen die Butter bis zum Eintreffen der Gäste kühlen.

dem Haus. Ihre Holzstühle kippelten auf dem alten Kopfsteinpflaster. In einem großen, aus gelblichen Bruchsteinen gemauerten Grill fraß sich die Glut durch die Grillbriketts. Immer wieder kam Marthe aus dem Haus und brachte Schüsseln und Servierplatten. Als sie wieder verschwand, hauchte Imke begeistert: »Was für ein Haus! Habt ihr euch drinnen mal umgeguckt? Wie eine Fotostrecke aus Schöner Wohnen!«

»Aber am Arsch der Welt. Ich hab nicht mal Netz hier«, meinte Maggie und zog die Stirn kraus.

Vicky zündete sich eine Zigarette an. »Es ist die perfekte Idylle. Genau das, was Marthe sich immer gewünscht hat.

»Ich wette, dahinten ist ihr Atelier.« Vicky zeigte zu einer Art Scheunenanbau mit großen, rostigen Sprossenfenstern.

Marthe war Bildhauerin. Sie fertigte großformatige Skulpturen aus Beton, die in manchem Park der Bundeshauptstadt zu sehen waren.

»Gleich zeige ich euch mein Atelier«, rief Marthe in diesem Moment, so als habe sie ihre Gedanken gelesen, und stellte einen Korb voller Brot auf den Tisch. »Selbstgebacken!« Sie hatte mehrere bunte Salate angerichtet und Fisch und Gemüse für den Grill vorbereitet. Prüfend ließ sie den Blick über die Tafel wandern, wischte sich die Hände an den Seiten ihrer Latzhose ab und nickte zufrieden. »Lust auf einen Prosecco?«

Die drei jubelten. Und als Marthe fragte »Wer muss fahren?«, zeigten sie gegenseitig mit den Fingern auf einander und riefen ihre Namen.

Der Prosecco war erfrischend kühl. Das Wiedersehen war perfekt.

Maggie traute sich, als erste zu fragen: »Wo ist Roald?«

Marthes Zögern war einen Hauch zu lang, um die Antwort so beiläufig klingen zu lassen, wie es offenbar beabsichtigt war. »Weg.«

Niemand traute sich, eine weitere Frage in dieser Richtung zu stellen. Stattdessen tranken sie an ihren Gläsern und sahen Marthe zu, wie sie mit großer Sorgfalt den Fisch und das Gemüse auf den Rost legte. Der Grill war noch nicht oft benutzt worden, soviel war zu erkennen. Das Innere war noch nicht vom Ruß ge-

MORDSKALIBER

MAISKOLBEN IN HONIGBUTTER

ZUTATEN FÜR 4 PERSONEN:
- 4 Maiskolben (vorzugsweise Zuckermais)
- 150 g Butter
- 2 EL Honig
- etwas Salz

ZUBEREITUNG:
Butter mit Honig und Salz erhitzen und die Maiskolben damit bestreichen. Die Maiskolben auf dem Grillrost für ca. 10 Minuten unter Wenden und nochmaligem Bestreichen garen.

schwärzt, und die Fugen zwischen den klobigen Steinen waren leuchtend hell. Er hatte einen Sockel von etwa zwei Metern Breite, auf dem ein gemauertes Kuppelgewölbe thronte, das in einen schmalen Schornstein mündete. Rechts und links gab es großzügige Flächen aus gewaltigen Steinplatten, auf denen man sitzen oder das Grillgut abstellen konnte. Insgesamt vermittelte das rustikale Bauwerk den Eindruck eines heidnischen Opferaltars.

»Er sieht aus, als hättest du ihn selbst gebaut«, sagte Imke, um das Schweigen zu brechen.

Marthe trat einen Schritt zurück und betrachtete den Grill mit schiefgelegtem Kopf. »Ja, ich dachte, ich kann zur Abwechslung mal was Nützliches mit meinem Material anfangen. Ihr wisst ja, wie gerne ich esse.« Sie strich sich über den Bauch. »Im Sommer ist es sowieso viel schöner, draußen zu essen.«

»Ist aber ein bisschen groß geraten, oder?«, meinte Vicky.

»Ach was!« Marthe breitete die Arme aus. »Hier ist doch Platz genug!« Sie machte eine halbe Drehung um die eigene Achse. »Weit und breit keine Nachbarn. Das Grundstück reicht irgendwo da hinten bis zum Wald. Keine Ahnung, wo es genau endet. Interessiert hier sowieso keinen. Ich denke, der Mais ist schon fertig. Wer möchte?«

Sie reckten alle jubelnd die Hände in die Höhe, und Marthe verteilte reihum die appetitlich glänzenden Maiskolben.

»Oh Mann, lecker! Mit Honig!«, schnurrte Imke genüsslich.

Maggie reckte den Kopf und ließ den Blick über das flache Land schweifen. »Und das gehört alles euch?«

»Mir«, sagte Marthe mit Nachdruck. »Mir allein.« Und als sie sah, dass ihre Freundinnen ratlose Blicke tauschten, aber nicht weiter nachzufragen wagten, sagte sie: »Roald ist weg. Von einem Tag auf den anderen. Und das ist gut so. Vermutlich zurück nach Norwegen.«

Sie wandte sich wieder dem Fisch zu, der einen verheißungsvollen Duft verströmte. »So Mädels, es geht weiter: Gefüllte Forellen!«, sagte sie feierlich. »Die sind gestern noch in dem kleinen Teich auf der anderen Straßenseite geschwommen. Kein Mensch beschwert sich, wenn ich da angele. Wahrscheinlich weiß gar keiner, dass da Fische drin sind – oder dass der Teich überhaupt existiert.«

STILL RUHT DER SEE

GEFÜLLTE FORELLE MIT GARTENGEMÜSE

ZUTATEN
PRO PERSON:
- 1 Forelle (küchenfertig ausgenommen)
- 1/2 Zitrone
- 1 TL selbstgemachte Kräuterbutter oder
- 2 kleine Scheiben Blutwurst
- Salz, Pfeffer
- Saft von 1/2 Zitrone
- 1 Möhrchen
- 1 Lauchstange

Die Haut war knusprig, das Fleisch butterzart, die Füllung unbeschreiblich lecker. Die vier Frauen aßen mit großem Genuss.

»Schmeckt sagenhaft!«, schmatzte Vicky mit halbvollem Mund. »Womit sind die denn gefüllt?«

»Mit diesem und jenem«, sagte Marthe geheimnisvoll. »Mein Geheimrezept.«

»Und der Salat«, kam es schwärmerisch von Maggie. »Ich wette, selbst angebaut?«

»Klar«, bestätigte Marthe. »Sechs verschiedene Sorten. Da hinten, bei den Beerensträuchern.« Sie wies mit der Gabel auf eine Reihe sorgfältig gezogener Furchen, aus denen das Grün hervorspross und an denen eine grellbunte Vogelscheuche die gefiederten Räuber fernhielt.

»Die Kräuterbutter ist der Hammer. Alles eigene Kräuter, oder?«

»Logisch«, sagte Marthe nickend. »Wachsen im Hochbeet.« Sie zeigte zu einem länglichen Kasten aus Holz. »Und da vorne wachsen die Zucchini, die Gurken und die Strauchbohnen.« Dort, wo sie jetzt hinzeigte, waren die Beete viele Meter lang und üppig bewachsen. »Es ist unglaublich heiß in diesem Sommer. Deshalb war auch der Mais schon so früh reif. Der stand da hinten bei der Holzbank. Seit Wochen bläst der warme Wind hier drüber, als hätte einer den Heiz-

---

UNTER-GEBUTTERT

ZUBEREITUNG:
Die Forelle nach dem Säubern trockentupfen und aufklappen. Von innen und außen mit Salz und Pfeffer einreiben. Die selbstgemachte Kräuterbutter (siehe Rezept) in die Forelle streichen und zuklappen. Alternativ zwei Scheiben Blutwurst in kleine Stücke schneiden und in den Bauch der Forelle geben.

Die Forelle mit etwas Zitronensaft beträufeln und mit etwas Öl bestreichen. Auf eine Grillschale geben und circa 8-10 Minuten (Holzkohlegrill) von jeder Seite grillen.

- 250 g Sauerrahmbutter
- 1 Bund klein gehackte gemischte Gartenkräuter (Dill, Schnittlauch, Borretsch, Rosmarin, Majoran)
- 1/2 TL Salz
- nach Geschmack auch eine zerdrückte Knoblauchzehe

KRÄUTERBUTTER

Zubereitung:
Die weiche Butter mit den Kräutern und der Knoblauchzehe vermengen.

Die Gemüse putzen und in 3 bis 4 cm lange Stifte schneiden. Mit etwas Öl beträufeln und kurz nach dem Fisch in die Grillschale geben. Sobald sich die Flossen der Forelle beim Ziehen einfach lösen, ist sie gar. Den Fisch mit Zitronenscheiben garnieren und servieren.

lüfter angestellt. Ihr könnt euch nicht vorstellen, wie viel Wasser ich hier jeden Tag versprengen muss.«

»Tja, einen Mann müsste man im Haus haben«, entfuhr es Maggie, und sie erschrak über ihre eigenen Worte.

»Nein!«, kam es ungewöhnlich scharf von Marthe. Dann fuhr sie etwas sanfter fort: »Mit dem Thema bin ich durch ... erst mal.« Sie lachte laut auf. »Die Chance, dass sich hierhin zufällig ein Traumprinz verirrt, ist nicht so groß.«

»Wir haben es ja auch kaum gefunden!«, rief Vicky aufgekratzt. »Sag Bescheid, nächstes Mal bringen wir dir einen aus der Stadt mit.«

Marthe holte Rotwein, und nachdem sie ausgeknobelt hatten, dass es Maggie sein sollte, die die nächsten hundert Kilometer fahren würde, kreiste die Flasche zwischen den anderen dreien.

»Es gibt noch ein Beerenkompott zum Nachtisch«, kündigte Marthe an.

»Oh Mann, ich platze gleich!« Imke öffnete ihre Gürtelschnalle.

Marthe verbot ihnen, abzuräumen und trug den Stapel Geschirr allein ins Haus.

»Findet ihr nicht auch, dass der Grill ein verdammt großes Fundament hat«, murmelte Imke nachdenklich.

Die anderen Frauen nickten. Keine von ihnen sagte etwas, aber sie spürten, dass sie alle dasselbe dachten.

Marthe kehrte mit dem Nachtisch zurück.

»Seid froh, dass ich nur Fisch und Gemüse gemacht habe. Auf dem Wochenmarkt im Städtchen kaufe ich sonst immer frisches Wild. Beste Qualität! Aber diese Woche bin ich vor lauter Arbeit einfach nicht hingekommen.« Sie klatschte Vicky auf den Oberschenkel. »Es tut so gut, endlich wieder nach Herzenslust mit jemandem zusammen zu schlemmen, der so richtig Freude daran hat.«

»Oh ja, das haben wir.« Vicky entfuhr ein halblauter Rülpser.

Sie brüllten vor Lachen.

»Roald war nicht so der sinnenfrohe Typ, soweit ich mich erinnere«, sagte Maggie irgendwann.

Marthe schüttelte energisch den Kopf. »Nein, nun wirklich nicht. Er pickte wie ein Vögelchen. Am Ende war er nur noch Haut und Knochen.«

»Am Ende?« Imke blickte auf.

»Als er wegging.«

Nach zwei Gläsern Rotwein machte nun Vicky einen neuen Anlauf, eine Antwort auf die Frage zu bekommen, die sie alle beschäftigte: »Sag mal, Marthe, ihr habt das Haus doch gemeinsam gekauft, oder?«

Marthe nickte mit ernster Miene. »Stimmt genau. Aber Roald wollte irgendwann nicht mehr. Er ist ... er war ... wie soll ich es ausdrücken. Er hat es hier nicht mehr ausgehalten. Und - zack - weg ist er.«

»Und jetzt gehört einfach alles dir?«

»Roald hat auf seinen Anteil verzichtet.«

»Irgendwie großzügig, oder?«

»Da, wo er jetzt ist, braucht er eigentlich nichts ... denke ich.« Marthe entkorkte eine weitere Flasche und schenkte großzügig aus.

Dann wanderten ihrer aller Gedanken in die Vergangenheit. Sie erzählten sich gegenseitig Geschichten aus der gemeinsamen Studienzeit, erinnerten sich an ihre jeweiligen Verflossenen ... und immer wenn die Sprache auf Roald kam, sahen sie den mürrischen Skandinavier vor sich. Den dünnen Mann mit der Vorliebe für hässlich gemusterte Hemden, von dem sich keine von ihnen hätte vorstellen können, dass man mit ihm in der Abgeschiedenheit der Uckermark glücklich werden könnte.

Später gab es einen Kaffee, und irgendwann guckte Maggie auf die Uhr und sagte: »Mädels, wenn ich wirklich noch hundert Kilometer fahren soll, müssten wir langsam los, sonst penne ich am Steuer ein.«

Der Protest ihrer Begleiterinnen war nur halbherzig. Sie alle fühlten sich in Marthes Garten Eden überaus wohl, aber die Aussicht auf das Strandbad an der Ostsee war am Ende dann doch verlockender.

Marthe hatte eigentlich noch ein kleines gemeinsames Abendessen vorbereitet, hatte aber Verständnis für die aufkommende Eile. Kurzerhand schmierte sie ein paar Stullen mit Wildsalami und fingerdicken Käsescheiben, packte sie gemeinsam mit frisch geernteten Tomaten, Salatgurken und Radieschen ein. »Damit ihr nicht irgendeinen Scheiß an der Tanke essen müsst.«

Als der Wagen anrollte, wurde wieder Staub aufgewirbelt.

»Glaubt ihr, dass Marthe zu so etwas fähig sein könnte?«, fragte Maggie, als sie wendete.

»Jemanden umzubringen?«, fragte Vicky. »Warum nicht?«

»Doch, doch, ich denke, sie könnte das«, bestätigte Imke. »Ich glaube sowieso, hier draußen herrschen andere Gesetze.«

Vicky spannte schnaubend den Sicherheitsgurt um ihren prallen Bauch. »Ja, unsere Maggie ist stark. Denkt nur an ihre Betonkunstwerke. Mit so einem Hänfling wie Roald wird sie im Nu fertiggeworden sein.«

»Und Roald war wirklich ein Kotzbrocken, da sind wir uns doch einig.« Maggie drehte das Lenkrad mit energischen Bewegungen. Und nun sahen sie auch den Teich auf der anderen Straßenseite. Er war ringsherum zugewuchert, und nur das Licht der Abendsonne, dessen Spiegelung hier und da durch das Gestrüpp blitzte, verriet sein Vorhandensein. »Versenkt«, murmelte sie. »Vielleicht hast sie ihn da drin versenkt.

BLOODY BERRIES

GEGRILLTE BEEREN

ZUTATEN FÜR 4 PERSONEN:
- 600 g frische Himbeeren oder gemischte Beeren, alternativ tiefgekühlte Ware
- 60 g Zucker
- 1 unbehandelte Orange
- 3 sehr frische Eigelb
- 3 EL Sahne

ZUBEREITUNG:
Die Beeren putzen, vorsichtig waschen und abtropfen lassen. Die Früchte in einer Schüssel mit 3 EL Zucker vermischen und etwas durchziehen lassen. Die Orange heiß abwaschen und die Schale abreiben. Die Orange auspressen. Eigelb mit 4 EL Orangensaft, Orangenabrieb, dem restlichen Zucker und der Sahne in eine Metallschüssel geben und über einem Wasserbad cremig aufschlagen. Die Beeren auf vier feuerfeste Förmchen verteilen und den Orangenschaum darübergeben. Die Förmchen in den vorgeheizten Backofen geben und bei Grillfunktion den Schaum leicht bräunen lassen. Den Nachtisch heiß servieren.

TIPP

Wer keine feuerfesten Förmchen zur Hand hat, kann den Nachtisch auch in einer Auflaufform bereiten.
Besonders apart schmeckt es, wenn man die Früchte in etwas Orangenlikör ziehen lässt. Auch mit Rum zubereitet, schmeckt der Nachtisch-Quickie lecker.

»Quatsch«, sagte Imke bestimmt. »Untergepflügt. Er liegt unter den Zucchini. Da dient er wenigstens noch als Dünger.«

Vicky schüttelte den Kopf. »Ach was, Mädels. Wir haben doch alle drei dasselbe gedacht: Dieser Mordsapparat von einem Grill ... der Sockel ... alles völlig überdimensioniert. Ich fresse einen Besen, wenn Roald nicht seine ewige Ruhe da im Beton gefunden hat.«

Sie winkten alle drei der kleiner und kleiner werdenden Marthe zu, bis sie und ihr Bauernhaus nach der nächsten Wegkehre nicht mehr zu sehen waren. Marthe trank ihr Glas leer. Das Licht der Abendsonne war blutrot und legte sich über das gesamte Anwesen, über das Dach, die Mauern, die Wiesen und Felder.

Sie würde noch ein paar Gießkannen Wasser verteilen müssen. Keine Regenwolke war in Sicht. Das Wetter war gut zu ihr gewesen in den letzten Wochen. Die Hitze und der unablässige Wind, der den ganzen Tag lang wie ein Heißluftföhn blies, hatten das beendet, was sie begonnen hatte.

Sie ahnte, was in den Köpfen ihrer drei Freundinnen vor sich gegangen sein mochte. Vielleicht hatten sie an den versteckten Teich gedacht, vielleicht auch an die vielen Möglichkeiten, die ein großer Gemüsegarten bot. Ganz sicher aber waren ihre Gedanken mit den Ausmaßen ihres neuen gemauerten Grills beschäftigt gewesen. Es amüsierte sie, dass man ihr offenbar zutraute, dass sie sich solche Mühe gab, ihren verflossenen Liebhaber verschwinden zu lassen.

Dabei hätte sie für ihn nun wirklich keinen Finger mehr krumm gemacht als nötig.

Es war alles so leicht gewesen. Er war sowieso nur noch Haut und Knochen, dieser verdammte Norweger. Keine große Sache.

Und sein grässliches, grellbuntes Hemd hatte eine wunderbar abschreckende Wirkung auf die Krähen.

Sie schenkte sich den Rest aus der Weinflasche ein und erhob das Glas. Mit einer weit ausholenden Geste prostete sie der Vogelscheuche am Gemüsebeet zu. »Prost Roald!«, rief sie. »Du hast ein leckeres Essen verpasst!«

DER TUT NIX, DER WILL NUR GRILLEN

von Carsten Sebastian Henn

Dörentaler Tageblatt

Gefährlicher Kinderstreich am Ernst-August-Klüsenbrinck-Gymnasium

Welterscheid *(ug)* In der Nacht vom Sonntag auf Montag wurde der erst vor Kurzem vor dem Nordeingang installierte Mülleimer in Brand gesetzt. Für den in den Farben eines Lappenclowns angemalten Mülleimer hatte die Karnevalsgesellschaft Löstije Nippeler auf ihrem Sommerfest gesammelt. Vereinspräsident Uli Schöller sagte unserer Zeitung, er selbst und der Verein ständen unter Schock. Auf Nachfrage verurteilte er aber die aufgekommenen Gerüchte, die »1. Große Welterscheider KG« könne etwas mit dem Verbrechen zu tun haben. Die Polizei geht bei dem Akt von Vandalismus aktuell davon aus, dass er von Jugendlichen des Gymnasiums begangen wurde. Unklar ist, warum sich im Einfüllbereich Reste von verbranntem Gummi, und unter dem Mülleimer ebensolche von Stoff befanden.

Tagebuch-Eintrag von Tobi Schlickenbrück

Liebes Tagebuch,
Mann, bin ich erschöpft! Total am Ende. Was für eine Katastrophe! Trinke literweise Kaffee, damit ich nicht einschlafe. Ich hab Angst, dass jeden Moment die Polizei bei mir klingelt. Oder der Schöller mit dem Schlägertrupp von den Löstijen Nippelern hier auftaucht. Oh, Mann, hoffentlich hat mich keiner in der Nacht gesehen!
Ich wollte doch nur ein lustiges Foto schießen! Wie kann sowas harmloses bitte so schieflaufen? Ich wollte das Foto unbedingt machen, solange der Mülleimer noch gut aussieht. Also bin ich kurz nach der Eröffnung nachts hin, habe einen fleischfarbenen Luftballon aufgeblasen, mit einem lustigen Gesicht bemalt, und oben mit Tesafilm

festgeklebt. Unten hab ich dem Mülleimer eine alte, zerrissene Jeans angezogen. Sah total lustig aus.

Aber nicht auf den Fotos. Obwohl ich den Blitz beim Handy anhatte. Wirkt immer wie in einem Horrorfilm.

Also bin ich schnell nach Hause und hab die Tüte Teelichter geholt, die ich vor drei Jahren bei Ikea gekauft, aber noch nie benutzt habe. Die hab ich dann um den Mülleimer aufgestellt, zuerst ein bisschen entfernt, aber das brachte nichts. Also hab ich sie näher ran geschoben. Immer weiter.

Plötzlich fing dann die Hose Feuer, dann der ganze Mülleimer und ... Wenn ich nur daran zurückdenke.

Mist, der Kaffee ist kalt geworden ... obwohl ... schmeckt eigentlich voll lecker.

Huch! Hat es da gerade an der Tür geklopft?

SCHARFE SACHE

ZUTATEN FÜR 4 PERSONEN:
- 4 Rindersteaks (aus dem flachen Roastbeef geschnitten, jeweils mindestens 3 cm dick, circa 250 g pro Stück)

Für Pfeffersteak »natur«
- grobes Meersalz
- 1 TL getrockneter Rosmarin
- bunter Pfeffer aus der Mühle

Für Pfeffersteak mit Rahmsauce
- 2 Schalotten
- 3-4 EL kalte Butter
- ein Schuss Cognac
- 200 ml Rinderfond
- 200 ml Sahne
- Salz
- je nach Geschmack 1-2 TL schwarzer Pfeffer aus der Mühle oder 2 EL eingelegte grüne Pfefferkörner
- Öl

PFEFFER-RUMPSTEAK

Dörentaler Tageblatt

Welterscheider Feuerteufel schlägt wieder zu

Welterscheid *(ug)* Schon in der Nacht vom Montag auf Dienstag hat der Welterscheider Feuerteufel erneut zugeschlagen. Diesmal steckte er nicht nur einen Mülleimer in Brand, sondern einen Motto-Festwagen der »1. Große Welterscheider KG Blau-Grün«. Dieser nahm auf bekannt hochklassige humoristische Art und Weise den Abstieg des 1. FC Welterscheid auf die Schippe, vor allem die verschossenen Elfmeter (fünf von fünf) im Relegationsspiel. Die Polizei tappt noch im Dunkeln und bittet um sachdienliche Hinweise, ob jemand in der Nacht in der Nähe des Bauernhofs der Familie Schmöltges, wo sich der meisterhaft erbaute Wagen befand, etwas Ungewöhnliches aufgefallen ist.

Hans-Peter Brotz, der Erste Vorsitzende der »1. Große Welterscheider KG« zeigte sich nach dem Brand entrüstet: »Es ist schon ein ausgesprochen großer Zufall, dass so kurz nach der Zerstörung eines läppischen Mülleimers der Löstijen Nippeler plötzlich unser prachtvoller Mottowagen brennt, auf den einige andere Karnevalisten sehr neidisch waren. Ich kann niemandem verdenken, wenn er da an den möglichen Racheakt eines erst im letzten Jahrzehnt gegründeten Karnevalsvereins denkt, der gerade einmal ein Viertel unserer Mitglieder aufweist.«

ZUBEREITUNG:

Die Steaks ein bis zwei Stunden vor dem Grillen aus der Kühlung nehmen. Auf dem mit etwas Fett bestrichenen Rost des Holzkohlegrill von beiden Seiten kräftig angrillen, bis sich Röststreifen zeigen.

Anschließend wenden und – je nach Dicke und gewünschtem Garpunkt – gute 2-3 Minuten (innen rosa mit rotem Kern), 3-4 Minuten (innen rosa) oder bis zu sechs Minuten (voll durchgebraten) von jeder Seite in der indirekten Zone weiter grillen.

Die fertigen Steaks vom Grill nehmen und kurz etwas ruhen lassen.

Das Steak natur mit den Gewürzen bestreut servieren.

Für die die Pfefferrahmsauce die Schalotten schälen und fein hacken. In etwas Öl anschwitzen und mit dem Rinderfond ablöschen. Sahne zugeben und einköcheln lassen. Mit kalter Butter binden und mit Salz und Pfeffer abschmecken.

Die Sauce bereits vor dem Grillen zubereiten und warmstellen.

Tagebuch-Eintrag von Tobi Schlickenbrück

Liebes Tagebuch,
zurzeit läuft es einfach nicht so richtig rund für mich. Ich hatte gestern so eine Panik, dass die Polizei mich festnimmt, dass ich beschlossen habe, eine falsche Spur zu legen. Abteilung »Fehde zwischen zwei Karnevalsvereinen«. Also bin ich in den Bauernhof vom Schmöltges eingestiegen, um vorgebliche Racheaktion der Löstijen Nippeler durchzuführen. Die schöne, große Fahne vom Tambourkorps, die mit der goldenen Bordüre, die wollte ich abfackeln. Also habe ich die aus ihrer Halterung geholt, auf dem Boden ausgelegt und dann angezündet. Mit meinem neuen Feuerzeug. Dem mit Benzin. Aber irgendwie wollte das blöde Ding nicht, und als ich endlich die Flamme anhatte, war das Ding so heiß, dass ich es aus einem Reflex heraus von mir weggeworfen habe.

Auf den Mottowagen.

Der sollte aber doch eigentlich nicht so schnell abbrennen können!!!

Ich hab es nur noch gerade so geschafft, meine Currywurst zu retten, die ich mir vorher als Stärkung am Bahnhofsbüdchen geholt hatte. Zur Beruhigung meiner Nerven.

Die hatte ordentlich Hitze bekommen. Ist irgendwie richtig gegrillt worden. So schön kross und gut durchgegart. Die schmeckte gleich nochmal so gut!

Kann nicht mehr weiterschreiben, auf dem Dorfplatz prügeln sich gerade die beiden Karnevalsgesellschaften.

Dörentaler Tageblatt
Närrischer Frieden geschlossen
Welterscheid *(ug)* In einer historisch zu nennenden Sitzung in der Wirtschaft »Op d'r Eck« haben sich die beiden Karnevals-

gesellschaften Welterscheids auf einen Waffenstillstand geeinigt. Am Tag zuvor war es auf dem Marktplatz zu einer Massenschlägerei gekommen, welche zu sieben ausgeschlagenen Backenzähnen, vier angerissenen Ohren und einer gebrochenen Nase führte. Hans-Peter Brotz, der Erste Vorsitzende der »1. Große Welterscheider KG Blau-Grün« bedauert diesen Zwischenfall. »Ich kann nur sagen, dass die Aggression nicht von unseren Vereinsmitgliedern ausging. Damit will ich nicht mit dem Finger auf andere zeigen, sondern nur klarstellen, dass wir von der Großen KG niemals den ersten Schlag tun. Aber immer den zweiten. Und den aber richtig.«

Vereinspräsident Uli Schöller von der KG Löstije Nippeler drückte sein Bedauern über die Prügelei aus und erklärte, dass die Mitglieder seines Vereins sich haben provozieren lassen. »Ich kann nicht sagen durch wen, aber sie waren wohl von niederer Intelligenz.«

Am Ort der Prügelei reichten sich die beiden die Hände und wünschten einander alles Gute für die Zukunft, denn das würde man jeweils brauchen.

KALT UND KLAMM

ICED COFFEE

ZUTATEN
FÜR 4 PERSONEN:
- 600 ml starker kalter Kaffee oder Espresso
- 6 TL brauner Zucker oder Kokosblütenzucker
- nach Geschmack 1 Päckchen Vanillezucker oder etwas Karamellsirup
- ausreichend Eiswürfel oder Crushed Ice

ZUBEREITUNG:
Den Kaffee süßen und erkalten lassen. Eiswürfel oder Crushed Ice in hohe Gläser geben und mit dem gesüßten Kaffee auffüllen. Mit Strohhalm als Longdrink genießen.

Dörentaler Tageblatt
Spuren führen zur Mafia
Welterscheid *(ug)* Die Serie von Brandstiftungen in Welterscheid reißt nicht ab. In der Nacht von Mittwoch auf Donnerstag wurden Heuballen von Bauer Jo-

ALARMSTUFE ROT

ZUTATEN
FÜR 1-2 GLÄSER:
- 100 g getrocknete Tomaten
- 20 EL Olivenöl
- 60 g Pinienkerne
- 40 g Parmesan oder Pecorino
- 2 Knoblauchzehen
- Salz und Pfeffer
- eine Prise Zucker oder Honig

ZUBEREITUNG:
Tomaten kleinschneiden und mit kochendem Wasser übergießen. Nach etwa zehn Minuten abgießen und mit Küchenkrepp trocken tupfen. Pinienkerne ohne Fett leicht anrösten. Tomaten zusammen mit Pinienkernen, Knoblauchzehen und Öl in einen Becher geben und mit dem Pürierstab zerkleinern. Parmesankäse fein reiben und unterheben. Das Pesto mit Salz, Pfeffer und Zucker abschmecken.

hannes Scheffer nahe der Bundesstraße nach Tröchtendonk in Brand gesetzt. Wieder tappt die Polizei im Dunkeln, denn bisher liegen keinerlei Zeugenaussagen zum Tatgeschehen vor.

Bei der kriminaltechnischen Untersuchung wurden zufolge von Polizeisprecher Rolf Wölf aber Spuren gefunden, die eine Verwicklung der italienischen Mafia in die Serie von Brandstiftungen vermuten lässt. »Wir haben am Tatort Reste von Oregano, frischem Basilikum und sogar Tomaten gefunden«, so Wölf. »Bauer Scheffer zufolge stammen sie nicht von ihm, er würde stets nur Leberwurstbrote mit Gürkchen mit auf die Arbeit nehmen und diese dann bei seinen Treckerfahrten verzehren.«

Dass die Mafia in Welterscheid Fuß fassen könnte, war von besorgten Bürgern aufgrund der letztjährigen Eröffnung des sizilianischen Restaurants »Bei Pino« am Marktplatz befürchtet worden. Vermieter der entsprechenden Immobilie ist Uli Schöller, der Vereinspräsident der KG Löstije Nippeler. Auf Anfrage dieser Zeitung zur neuerlichen Brandstiftung wollte er keine Aussage machen.

Tagebuch-Eintrag von Tobi Schlickenbrück

Liebes Tagebuch,
es sollte eigentlich nur ein Heuballen brennen, das kannst du mir glauben! Ich hab ja auch nur eine Pizza gegrillt! Eine Pizza. Gegrillt. Das geht! Erstmal ganz klassisch eine Margherita, in Alufolie gewickelt, auf den Heuballen, fix angezündet (mit einem neuen Sturmfeuerzeug, das nicht so schnell heiß wird!).
Und dann blies der Wind da so ganz ungünstig rein.
Du glaubst ja nicht, wie weit Funken fliegen können, das ist voll irre. Also die legen ganz schöne Strecken zurück.
Außerdem werden sie anscheinend von Heuballen magisch angezogen. Oder magnetisch. Auf jeden Fall ist ein Funken in dem großen Heuballen-Stapel gelandet.
Ich glaub, das Feuer konnte man noch aus dem Weltall sehen.
Da ist mir dann wegen dem Feuer ein Licht aufgegangen!
Ich denke viel zu klein! Mit solchen Feuern kann man ja ganz andere Kaliber grillen!
Und ich weiß auch schon genau, wo ich mir heute Nacht was Leckeres zubereite.

Dörentaler Tageblatt
Terroristen in Welterscheid?
Welterscheid *(ug)* Die Polizei hat aufgrund der neuesten Brandstiftung die SOKO *Diabolus* gegründet. Polizeisprecher Rolf Wölf sagte auf der kurzfristig anberaumten Pressekonferenz: »Wir müssen davon ausgehen, dass wir es hier mit einem kriminellen Genie zu tun haben. Ob er - oder sie - politische Ziele

verfolgt, ist noch unklar. Ebenso was sein nächstes Anschlagsziel sein wird. Aber das Welterscheider Rathaus und natürlich die Polizeistation, wo der brutale Terrorismusanschlag stattgefunden hat, werden von nun an rund um die Uhr von bewaffneten Kräften bewacht.« Auch zum Tathergang hatte Wölf etwas zu vermelden: »Diesmal ist mit einem selbstgebastelten Bombensatz gearbeitet worden. Im Brandherd wurden Alufolie und Reste eines elektronischen Geräts, leider geschmolzen, aufgefunden. Die KTU teilte uns mit, so etwas hätte sie nie zuvor gesehen, und das fände sich auch nicht in der entsprechenden Fachliteratur. Sie haben da wohl extra mit Kollegen in New York und Herne telefoniert. Wir müssen es also mit einem Täter zu tun haben, der seiner Zeit weit voraus ist und uns an der Nase herumführt.«

Hans-Peter Brotz, der Erste Vorsitzende der »1. Große Welterscheider KG Blau-Grün« meldete sich bei unserer Zeitung, um darauf hinzuweisen, dass sich die Firma des Vereinspräsidenten der KG Löstije Nippeler direkt neben der Polizei befände. »Ich würde der Polizei raten, im nahen Umfeld nach dem Täter zu suchen. Subversive Elemente finden sich auch in unserer Mitte«.

Tagebuch-Eintrag von Tobi Schlickenbrück

Liebes Tagebuch,
hinterher ist man immer schlauer …
Ich hab wohl einfach nicht genau genug nachgedacht. Wobei ja eigentlich schon. Mein erster Gedanke war: Ein riesiger Rostbraten. Außen irre knusprig, innen schön saftig, dazu dann die ganz, ganz feine Pfeffersauce (die hatte ich natürlich schon zuhause zubereitet). Außerdem sollte es Rotkohlsalat mit Apfel dazu geben. Da ist ja auch so ein feines Süßespiel dabei. Also das klang sehr, sehr gut, oder?
Mein zweiter Gedanke war: Was, wenn man einen von diesen teuren, geschlossenen Grills in richtig groß hätte? Antwort: Das wäre super! Nächste Frage: Wo findet man das? Antwort: Nimm einen großen Müllcontainer! Und zwar aus Metall!
Und wer hat einen? Die Druckerei Schöller in Welterscheid. Die werfen da immer ihre Papierabfälle rein. Da brauche ich auch keine Kohle mehr!
Also ich nachts hin mit meinem wahnsinnig großen Rostbraten. Normalerweise grille ich ja zu Hause nur Rumpsteaks, aber hier geht

RIPPER SALAD

ROTKOHLSALAT MIT APFEL

ZUTATEN
FÜR 6-8 PERSONEN:

- 1 kg Rotkohl
- 1 Zwiebel
- 8 EL Öl
- 4 EL Apfel- oder Rotweinessig
- 4 EL Apfelsaft

- Salz, Pfeffer, Honig
- 2 Äpfel
- optional 400 g Feta
- etwas Petersilie

ZUBEREITUNG:

Den Rotkohl putzen und vierteln, den Strunk entfernen und die Viertel in feine Streifen schneiden oder auf einer Reibe raspeln. Dann mit einem Kartoffelstampfer etwas mürbe machen.

Die Zwiebel fein hacken und in einer Pfanne in etwas Öl kurz andünsten. Die Rotkohlstreifen zugeben und kurz mitdünsten lassen, bis sie nicht mehr ganz hart sind.

Aus dem Öl, dem Essig und dem Apfelsaft eine Marinade rühren, mit Salz, Pfeffer und Honig abschmecken und auf den noch warmen Rotkohl geben. Diesen eine Stunde durchziehen lassen, dann kleine Apfel- und Fetastückchen sowie etwas Petersilie zugeben und servieren.

es ja um ganz andere Dimensionen! Schwarzen Lampong-Pfeffer aus Indonesien hab ich mir für die Sauce besorgt. Dafür habe ich meine Ü-Ei-Sammlung 1989 – 2001 (81 Figuren!) im Internet verkauft.

Der Container steht hinter der Druckerei auf dem Hof. Daneben stand auch noch ein kleinerer Container vom Haus nebenan auf der Ecke.

Ich war so aufgeregt und hab nur an meinen leckeren Rostbraten gedacht. Sogar ein Bluetooth-Thermometer, das die Kerntemperatur misst, hatte ich gekauft. Das steckte im Rostbraten.

Aber leider werde ich das nie wiederbekommen. Und nie erfahren, wie mein Rostbraten geworden ist.

Denn kaum hatte ich den Container in Brand gesteckt, tauchte ganz plötzlich Polizei auf.

Da fiel mir dann auch ein, welches Haus sich direkt neben der Druckerei befindet:

Die Polizeistation.

Ich bin dann mal schnell nach Hause gegangen.

Mit knurrendem Magen. Im Kühlschrank waren nur noch ein Tellerchen Milchreis und ein Schüsselchen Pesto. Passt nicht richtig zusammen, aber wenn man Hunger hat ...

Nächstes Mal passiert mir sowas nicht mehr!

Dörentaler Tageblatt
Verkohlte Leiche entdeckt

Welterscheid *(ug)* »Die Eskalation hat eine neue Stufe erreicht!«, sagte Polizeisprecher Rolf Wölf bei einer heute kurzfristig angesetzten Pressekonferenz. »Am Freitagmorgen hat Bauer Erwin Mäthes in seinem Gewächshaus eine völlig verkohlte menschliche Leiche gefunden. Eine Identifizierung ist in diesem Zustand nicht mehr möglich. Aktuell geht unsere SOKO die Vermisstenlisten unseres und aller benachbarten Kreise durch.« Wölf musste bei der Pressekonferenz schwer schlucken, seine Haut war blass, die Augen rot geädert. »Metallstangen deuten darauf hin, dass die fragliche Person rituell hingerichtet wurde. Vielleicht ein satanisches Zeremoniell.«

Über Erwin Mäthes hatten wir erst vor wenigen Wochen im Dörentaler Tageblatt berichtet, da er sich nicht entscheiden konnte, von welcher Karnevalsgesellschaft er mit seinem Trekker beim nächsten Karnevalszug einen Festwagen ziehen würde. »Es zerreißt mich innerlich!«, sagte er damals dieser Zeitung. Gerüchteweise hatte er sich einen Tag vor dem Brand dann entschieden. Aktuell steht er allerdings unter Schock und ist nicht in der Lage, eine Aussage zu machen.

Nach anonymen Hinweisen aus der Bevölkerung seien am frühen Morgen dann die Häuser von Hans-Peter Brotz, dem Ersten Vorsitzenden der »1. Große Welterscheider KG Blau-Grün« und von Uli Schöller, dem Vereinspräsident der KG Löstije Nippeler durchsucht worden. In beiden hätte sich belastendes Material, unter anderem Rohrbomben und Bücher mit sizilianischer Lyrik gefunden. Beide befinden sich aktuell in Untersuchungshaft. »Ob es sich um einen Einzeltäter handelt, oder ob einer der beiden - oder beide - nur die Spitze des Eisbergs sind, wissen wir noch nicht. Wir müssen aktuell aber davon ausgehen, dass es ihnen um eine Destabilisierung der Welterscheider Gesellschaft ging.«

Tagebuch-Eintrag von Tobi Schlickenbrück

Liebes Tagebuch,
ich kann da echt nix für! Diesmal hätte es nun wirklich jedem passieren können!
Die Idee aber – ich will mich ja nicht selbst loben – die war genial.
Von wegen Rostbraten! Das ist ja immer noch viel zu klein gedacht!
Ein ganzes Schwein, das ist das Wahre! Komplett. Am Stück. Nose to tail, sagt man. Wer grillt schon sowas? Eben!
Aber natürlich bin ich nicht wieder zum Container bei der Polizei gefahren. Sondern zu Bauer Mäthes, der wohnt ja weit außerhalb, und sein Gewächshaus steht auch nicht so nah beim Haus, sondern weit genug entfernt, dass ich meine Ruhe habe.
Außerdem lagert er da die Holzpelletsäcke für seine Heizung.
Und genau die wollte ich in Brand stecken. Und darauf grillen, also so richtig. Ich hatte mir extra Metallrohre besorgt, zum Drüberlegen. Die ganze Vorbereitung hat mich zwei volle Stunden gekostet – und da ist noch nicht mal mitgerechnet, dass ich vorher das ganze Schwein ausgenommen hatte. Aber dann konnte ich das Feuer anzünden, das Schwein drauflegen und warten.
So ein Schwein, das braucht schon seine Zeit. Gewendet werden muss es schließlich auch, ist ja kein ömmeliges Spanferkel am Spieß.
Das kostet Kraft. Und dann wieder warten.
Ich bin eingepennt.

Als ich wieder wach wurde, war alles zu spät, das gute Schwein war völlig verkohlt, da konnte ich gar nix mehr von essen. Da es schon taghell war, und da der Mäthes jeden Moment kommen konnte, habe ich mich mit dem Transporter, den ich gemietet hatte, schnell aus dem Staub gemacht.

Jetzt passieren mir keine Fehler mehr! Hab schließlich alle schon gemacht.

Für morgen habe ich mir etwas ganz Besonderes überlegt! Ich sag nur: Pfarrheim!

BLEICHER ABGANG

MILCHREIS MIT FRUCHTGRÜTZE

ZUTATEN FÜR 4 PERSONEN:

Für den Milchreis
- 1,5 Liter Vollmilch
- 250 g Milchreis
- 60 g Zucker
- ein Stück aufgeschlitzte Vanilleschote

Für die rote Grütze
- 500 g gemischte Beerenfrüchte und/oder Kirschen, 500 ml roter Fruchtsaft
- 2 TL Stärkemehl zum Binden
- etwas Zimt und Zitronensaft
- etwas Zucker

ZUBEREITUNG:

Die Milch zum Kochen bringen. Milchreis, Zucker und Vanilleschote zugeben und unter Rühren aufkochen lassen. Bei mittlerer bis schwacher Hitze circa 40 Minuten simmern lassen. In der Zwischenzeit die Früchte putzen und entsteinen, zuckern und Saft ziehen lassen. Den Saft der Früchte mit dem Fruchtsaft und mit dem in etwas Wasser aufgelösten Stärkemehl zum Kochen bringen und die Früchte dazugeben. Die Früchte in der Sauce ziehen lassen. Nach Geschmack Zucker, eine Messerspitze Zimt und etwas Zitronensaft zugeben. Die Grütze und den Milchreis kalt werden lassen und in Bügelgläser schichten.

TIPP

Für die helle Fruchtgrütze benötigt man 2 Äpfel oder 500 g Pfirsiche oder Aprikosen, 100 g Rosinen und hellen Trauben- oder Apfelsaft.

Dörentaler Tageblatt

UFO in Welterscheid gesichtet

Welterscheid *(ug)* Der 97jährige Pfarrer der St.-Blasius-Kirche Welterscheid, Kaspar Melchior Kröpeldieck hat in der Nacht auf Donnerstag ein UFO beobachtet: »Ich bin nachts von einem Knistern geweckt worden. Als ich aus dem Fenster schaute, sah ich dann das UFO. Es war kreisrund und stand völlig in Flammen. Ganz rasant flog es am Fenster vorbei. Ich hatte nicht mal Zeit, meine Brille rechtzeitig aufzusetzen. Es ist dann wohl im Gerstenfeld hinter dem Pfarrheim notgelandet. Zumindest finden sich da die Spuren. Aber als ich ankam, war es schon wieder verschwunden.«

Der kreisrunde Landeplatz ist völlig verkohlt. Im Zentrum fand sich ein merkwürdiges Geschöpf, das aussieht wie ein Rind, in dem ein Schwein steckt, und in diesem eine Gans. Wohl ein fehlgeschlagenes, abartiges Experiment der Außerirdischen. Fernsehteams aus ganz Deutschland sind daraufhin nach Welterscheid geeilt.

Am UFO-Landeplatz wurde auch Tobi Schlickenbrück aufgegriffen, von dem Nachbarn sagten, dass sie ihn seit mehreren Tagen nicht mehr gesehen hätten. Eine Entführung durch die Außerirdischen ist deshalb höchstwahrscheinlich.

»Ich wollte doch nur was ganz Besonderes grillen!«, rief der offensichtlich schwer verwirrte Welterscheider, der Brandverletzungen aufwies. »Aber dann hat mein schöner, großer Holzteller Feuer gefangen und ich musste ihn im weiten Bogen wegwerfen! Beinah hätte ich das Pfarrhaus getroffen. Aber es ist ja alles gutgegangen!« Als er von den Einsatzkräften darüber in Kenntnis gesetzt wurde, dass er ein UFO gesehen haben muss und deshalb unter Schock steht, wollte er davon nichts wissen. »Ich hab doch nur im Feld gegrillt, damit ich diesmal nix abfackeln kann. Einen großen Kreis hab ich platt gedrückt und dann das Grillgut einfach da draufgelegt. Auf die trockenen Ähren, hat doch lange schon nicht mehr geregnet. Genial, oder?«, fragte er mit irrem Lachen. »Ich bin so genial! Ich bin ein Grill-Genie!«

Schlickenbrück befindet sich mittlerweile in einer geschlossenen Anstalt. Es ist dieselbe, in die gestern schon Hans-Peter Brotz, der Erste Vorsitzende der »1. Große Welterscheider KG Blau-Grün« und Uli Schöller, der Vereinspräsident der »KG Löstije Nippeler« verbracht wurden, nachdem sie in der Untersuchungshaft völlig aus der Luft gegriffene Geschichten erzählten, dass der jeweils andere ein Bomben bauender, satanischer Terrorist der Mafia wäre. Niemand bei der Polizei kann sich erklären, wie sie auf solch abstruse Ideen kommen.

Fest steht allerdings: seit man die beiden Subjekte inhaftiert hat, werden in Welterscheid keine Brände mehr gelegt.

Braucht es mehr Beweise dafür, wer hinter all den schrecklichen Taten steckt?

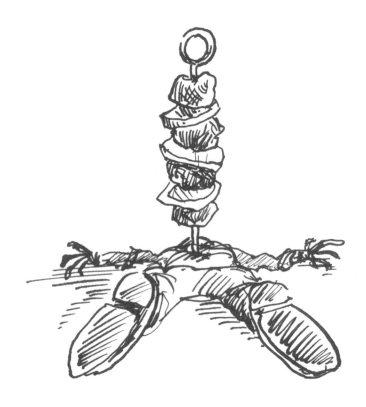

DONNER-WETTER

von Ralf Kramp

Kein Zweifel, sie fuhren in einem Aufzug. Ernst-Ulrich Olm spürte das Vibrieren unter seinen Füßen und das leichte Rattern ringsum. Vor allen Dingen aber spürte er die Mündung der Pistole in seinem Nacken. Er wagte kaum zu atmen, aber dafür war das Schnaufen seines Entführers umso deutlicher. Sehen konnte er nichts, denn der Mann hatte ihm einen Stoffbeutel über den Kopf gezogen, als er vorhin vor seiner Haustür in sein Auto hatte steigen wollen, um zum Sender zu fahren.

Dann war er an Händen und Füßen gefesselt und in einen Kofferraum gezwängt worden, und während der darauffolgenden zwanzigminütigen Autofahrt hatte er Todesängste ausgestanden.

Im Studio würden sie ihn spätestens jetzt vermissen. Sie würden wahrscheinlich die junge Tussi mit dem Überbiss vor die Kamera stellen. Die hatte zwar keinerlei Ahnung, aber einen Körper, bei dem man ihr jeden Quatsch, den sie erzählte, abkaufte.

MÖHREN-AUFSTRICH

MEUCHEL-MÖHREN

ZUTATEN
FÜR CA. 2 SCHRAUB-GLÄSER à 325 g:
- 500 g Möhren
- 200 g Sauerrahm
- Knoblauchzehe
- 2 Lauchzwiebeln
- Salz, Pfeffer, Paprika edelsüß

ZUBEREITUNG:
Die Möhren schälen, in Stifte schneiden in wenig Salzwasser weichkochen. Die Möhren abschütten und abkühlen lassen, mit dem Sauerrahm zu einer cremigen Masse pürieren und mit den Gewürzen und Lauchzwiebelringen verfeinern.

LAMMFROMM AUFGESPIESST

ZUTATEN FÜR 6 SPIESSE:
- 600 g Lammfleisch aus der Keule oder Lammlachse, auch lecker als Alternative: Schweine- und Geflügelfleisch

Für die Marinade
- 8 EL Öl
- 4 EL trockener Weißwein
- 3 EL Zitronensaft
- 1/2 TL frisch gemahlener schwarzer Pfeffer
- jeweils 1 TL Oregano, Thymian und Rosmarin (frisch oder getrocknet)
- 1 TL Paprika edelsüß
- 1 zerdrückte Knoblauchzehe

Darüber hinaus
- Schaschlikspieße aus Edelstahl
- Salz

ZUBEREITUNG:

Das Lammfleisch in 2-3 cm große Würfel oder Eckchen schneiden. Alle Zutaten für die Marinade miteinander verrühren und die Fleischstücke darin am besten über Nacht einlegen. Ab und zu durchmischen.

Die Würfel abtropfen lassen, auf die Spieße stecken und ringsum grillen. Auf dem Holzkohlegrill unter Wenden 3-4 Minuten in der direkten, weitere 3-4 Minuten in der indirekten Zone garen.

Nach Geschmack vor dem Servieren etwas salzen.

Wann würden sie wohl anfangen, nach ihm zu suchen? Würde seine Frau ihn schon vermissen? Würde sie ihn verfluchen, wenn sie, weil er nicht nach Hause kam, schon wieder bei diesem Scheißwetter mit dem Hund rausmusste?

Es ertönte ein leises Glöckchengeräusch, dann schob sich die Fahrstuhltür auf, und er wurde unsanft nach vorn gestoßen.

Als der Sack von seinem Kopf gezogen wurde, erkannte Ernst-Ulrich Olm, dass er sich in einem kleinen, weißgestrichenen Raum befand. Vor sich eine Metalltür, daneben ein kleines Fenster aus Glasbausteinen. Auf der Tür klebte ein buntes Plakat: »Willkommen zu Willis und Ellis Barbecue!«

Er hätte sich gerne umgedreht, aber da war immer noch der ganz und gar unfreundliche Druck des Metalls in seinem Nacken.

»Ausziehen!«, knurrte jetzt jemand. Ein Mann. Ernst-Ulrich Olm roch Alkohol.

Oh nein, ein Sexualstraftäter! Wieso passierte das ausgerechnet ihm? Ihm, Ernst-Ulrich Olm, 62 Jahre, verheiratet, heterosexuell, glatzköpfig, leicht untersetzt, Wetteransager des Lokalfernsehsenders ...

»Ausziehen?«, wimmerte er. »Wieso ausziehen?«

»Ich will nicht alles zweimal sagen!« Eine flache Hand klatschte ihm auf den kahlen Hinterkopf.

Olm hörte, wie sich hinter ihnen die Fahrstuhltür wieder schloss.

Es war merkwürdig. Die ganze Zeit hatte er geglaubt, sie seien mehrere Stockwerke hinuntergefahren, immer tiefer in die Erde hinein. Aber das durch die Glasbausteine fallende Tageslicht konnte nur bedeuten, dass sie stattdessen in die Höhe gefahren waren. Sicher zehn Stockwerke oder mehr.

»Na los, Pullover aus, Hose runter!«, kam es bedrohlich.

Mit seinen zitternden Fingern schaffte es Olm kaum, die Gürtelschnalle zu öffnen.

»Schneller!«, blaffte der Mann hinter ihm. Es klickte. Wurde etwa die Waffe entsichert?

»Ja, ja, ich mach ja schon!« Er zerrte den Pullover über den Kopf und streifte die Hose von den Beinen.

»Weiter! Hemd! Socken!«

»Bitte, bitte, nicht die Unterhose!«

»Hemd und Socken, hab ich gesagt!« Wer immer da hinter ihm stand, musste ordentlich Alkohol intus haben. Die Fahne war atemberaubend. Er zog die Socken von den Füßen. Der gefliese Boden war kalt. Überhaupt war alles kalt. Und das, nachdem wochenlang eine stabile Schönwettersituation für Höchsttemperaturen gesorgt hatte. Aber dann war über Nacht der Kälteeinbruch gekommen, Schauer und auffrischende Winde und einen Temperatursturz um zwanzig Grad. In Norddeutschland hatte es gehagelt, in Bayern gab es Starkregen.

»Tür auf!«, brüllte der Mann hinter ihm jetzt.

Er drückte die Klinke hinunter,

WILDE SACHE

WILDKRÄUTER-PESTO

ZUTATEN FÜR 2-3 SCHRAUBGLÄSER:
- ein großer Bund Basilikum, Petersilie, Giersch, Rauke oder Bärlauch (frisch)
- 125 g Walnusskerne, alternativ Pinien- oder Sonnenblumenkerne
- 125 g geriebener Hartkäse
- 1 Knoblauchzehe
- 250 ml Olivenöl
- Pfeffer, Salz, Zucker

ZUBEREITUNG:
Die Walnusskerne mit heißem Wasser überbrühen und nach rund 10 Minuten die Schalen mit den Fingern abstreifen. Die trockengetupften Walnusskerne in einer Pfanne goldgelb rösten. In einem Mörser zerstoßen. Hartkäse reiben, Kräuter und Knoblauchzehe fein hacken. Die Zutaten ohne den Käse in einen hohen Becher geben, Öl zugeben und nach Belieben noch einmal pürieren.
Käse zum Schluss unterheben, mit den Gewürzen abschmecken und in Gläser füllen.
Das Pesto hält im Kühlschrank 2-3 Wochen frisch.

und im selben Augenblick wurde er auch schon grob nach draußen gestoßen. Der Sturm riss ihm die Tür aus der Hand. Es heulte und brauste aus allen Richtungen. Bestimmt Windstärke sechs oder sieben, wenn nicht gar zehn.

Olm strauchelte nach vorne auf den weißen Kiesweg eines Dachgartens. Sie mussten sehr hoch über der Stadt sein. Keine umliegenden Gebäude waren zu sehen, nur rasende Wolkengebirge in unterschiedlichen Grautönen. Bunte Liegestühle lagen durcheinandergeworfen auf der Rasenfläche herum, Sonnenschirme waren umgeknickt, Pappteller, Sitzkissen und Bikinis hingen nass und schlapp am ringsum verlaufenden Geländer fest. Kein Mensch außer ihnen war zu sehen. Und es regnete wie aus Eimern. Fette, schwere Regentropfen peitschten auf seine nackte Haut.

Hier war offenbar eine Fete abrupt beendet worden, bevor sie richtig begonnen hatte.

»Was soll das?«, rief Olm panisch und schlang seine Arme schützend um den Oberkörper. »Sind Sie irre?«

Und obwohl da die Waffe war, mit der man ihn bis jetzt in Schach gehalten hatte, fuhr er herum.

Der Mann war einen halben Kopf kleiner als er. Er war in einen Regenmantel gehüllt und trug Gummistiefel. Seine Kapuze hatte er so tief ins Gesicht gezogen, dass nur seine dunkel funkelnden Augen, seine Nase und der Mund unter dem triefnassen schwarzen Schnurrbart zu sehen waren.

Er richtete immer noch die Pistole auf ihn. Dann schwenkte er sie kurz zur Seite und deutete in die Richtung, in die Olm seinen Blick wenden sollte.

Da lag ein Grill. Ein riesiger, teuer aussehender Smoker. Der Sturm hatte ihn umgerissen und spielte immer noch mit einem der Räder, sodass es sich quietschend hin und her drehte.

»Was wollen Sie von mir?«, rief Olm. »Wir kennen uns doch gar nicht!«

»Gutes Stichwort!« Der Mann griff in die Tasche seines Mantels und warf Olm etwas zu. Ein Päckchen Streichhölzer. »Das ist wahr, du kennst sie nicht, die Leute, die dir jeden Abend zugucken, wenn du da vor der Wetterkarte stehst! Aber mich wirst du jetzt mal so richtig kennenlernen, Freundchen!«

Olm rappelte mit der Streichholzschachtel. »Und was soll ich damit?«

»Du wirst für mich grillen!«, rief ihm der Mann durch den Sturm zu. »Bei bestem Grillwetter! In leichter Sommerbekleidung! Du grillst jetzt!« Er lachte heiser. »Hoffentlich bist du gut eingecremt!«

»Grillen? Aber wie soll ich denn ...?«

»Das ist meine Grillfete hier, und ich lasse sie mir nicht schon wieder durch so ein verdammtes Dreckswetter verderben, hörst du!«

Olm erinnerte sich in diesem Moment an das bunte Plakat auf der Metalltür. »Sind Sie etwa Willi?«

»Ja, der bin ich. Der Willi mit der Grillfete, verdammt. Und jetzt zünd sofort den Grill an, sonst knall ich dich ab!« Er fuchtelte mit der Pistole durch die Luft. »Da ist das Fleisch,

da stehen die Salate! Dahinten liegt der Bowlepott auf dem Boden. Apfel-Erd-beer-Bowle – das fanden die Mädels voll lecker! Da vorne sind die Baguettes und die Saucen! Das, was da in der Pfütze schwimmt und aussieht, als hätte einer gekotzt, war mal der leckerste Möhren-Brotaufstrich aller Zeiten! Also leg jetzt los, bevor ich dir eine Kugel durch den Kopf ballere, du Wetterheini!«

Wo auch immer er mit dem Lauf seiner Waffe hinzeigte, lag alles in Fetzen und Splittern, Töpfe kullerten über den Boden, in den Salatschüsseln stand milchiges Regenwasser, Fleischlappen dümpelten in den Wasserlachen vor sich hin.

»Greif zu! Jede Menge Steaks und Rindswürste! Folienkartoffeln und Grill-käse … Alles da, bedien dich! Die Lammspieße mit Wildkräuterpesto sind der Hammer! Muss nur noch alles auf den Grill, und das machst jetzt du, kapiert?«

Ernst-Ulrich Olm zitterte am ganzen Leib, und in seinem Kopf ratterten die Gedanken auf Hochtouren. Was war hier geschehen? Wie hatte jemand bei diesem Wetter auf die Idee kommen können, zu grillen? Wenn er Willi war, wo war dann diese Elli, deren Name auf dem Plakat stand?

»Und wo ist Elli?«, fragte er, einer plötzlichen Eingebung folgend.

Der Mund unter dem schwarzen Schnurrbart ging ein paar Mal auf und zu, wie bei einem fetten Karpfen. »Weg!«, brüllte Willi schließlich. »Und dies-mal für immer! Weil nämlich schon wieder alles schiefgelaufen ist! Weil ich angeblich schon wieder Schuld bin, dass diese Scheißgrillfete ins Wasser ge-fallen ist! Ich! Immer bin ich alles Schuld, verdammt!«

Er sprang auf Olm zu und drückte ihm die Pistolenmündung auf die Stirn. »Sechsundfünfzig Leute, ein megateurer Dachgarten, tonnenweise Grillzeug und Getränke, Salate vom besten Partyservice der Stadt … alles, um meiner Elli einen hammergeilen Hochzeitstag zu präsentieren! Und dann kommt die-ses Dreckswetter, und jetzt ist sie endgültig weg!« Sein Gesicht kam näher und näher, und seine Stimme wurde zu einem Knurren: »Zuerst wollte ich runterspringen, weil ich dachte, dass ich es schon wieder verkackt habe. Zwölf Stockwerke tief, das müsste wohl reichen! Aber dann hab ich plötzlich gewusst, wer wirklich verantwortlich für die Katastrophe ist.« Er warf Olm einen hasserfüllten Blick zu.

»Wer denn?«, fragte Olm unsicher. Er hatte keine Ahnung, was hier ei-gentlich los war. Der Regen kam waagerecht und traf wie scharfe Pfeilspitzen auf seine nackte Haut.

»Du!«

»Ich? Da muss eine Verwechslung vorliegen, Willi, ich …«

»Du und deine beschissene Wettervorhersage! Also grillst du jetzt, du Wurm! Los, mach den Grill an!«

In der Ferne zuckten einige Blitze durch die Luft. Das Unwetter schien keineswegs nachzulassen, sondern im Gegenteil an Kraft zuzunehmen.

»Aber das ist doch nicht meine Schuld!«, wimmerte Olm und machte ein paar vergebliche Versuche, ein Streichholz zu entzünden. Es gelang nicht. Die Schachtel begann, aufzuweichen, und die Schwefelköpfe wurden feucht.

»Es geht nicht. Es ist nicht das richtige Wetter, um …«

»Wetter?«, röhrte Willi, und sein Alkoholgeruch drang trotz des Winds zu Olm herüber. »Los, mach endlich den Grill an!«

»Ich bin der Falsche, wenn ich es doch sage!«

Wortlos stieß Willi ihn zu Boden und trat nach ihm. Olm robbte auf allen Vieren zu dem umgekippten Smoker. Er öffnete die Abdeckklappe und sah, dass im Inneren die Grillbriketts im Wasser schwammen.

ZERSTÜCKELT

APFEL-ERDBEER-BOWLE

ZUTATEN FÜR 1 BOWLE-GEFÄSS
à 2 LITER:

- 250 g Erdbeeren
- 500 ml Apfelsaft
- 500 ml trockener Sekt oder alkoholfreier Sekt für die alkoholfreie Variante
- 500 ml Mineralwasser
- 2 Bio-Zitronen
- einige Stängel Minze, Zitronenmelisse oder Rosmarin

ZUBEREITUNG:

Die Zitronen heiß abwaschen und vierteln, dann abermals vierteln. Mit den ebenso geputzten und geviertelten Erdbeeren in das Bowlegefäß geben. Mit dem Apfelsaft auffüllen, abgezupfte Kräuterblättchen zugeben und im Kühlschrank gute 2-3 Stunden durchziehen lassen. Kurz vor dem Servieren mit Sekt und Mineralwasser auffüllen und mit einigen frischen Blättchen garnieren.

Nirgendwo waren Grillanzünder zu sehen. Seine Lage war aussichtslos. »Wir hatten eine stabile Omegalage«, keuchte er und versuchte im Windschatten der Klappe weiter die Streichhölzer zu entzünden. »Die führenden Wettermodelle waren sich uneins. Das US-Modell sagte zwar weiterhin schönes Wetter voraus, aber das Europäische …«

»Lass mich mit deinen Scheiß Wettermodellen in Ruhe! Jedes Mal das Gleiche! Ich will grillen, und es fängt an zu regnen! Es hagelt! Es stürmt! Damals, als ich meinen Chef eingeladen hab. So schlimm wird es schon nicht werden, habe ich gedacht - Zack! - Wolkenbruch! Und dann am nächsten Tag die Kündigung! Vor drei Jahren, zu Ellis Vierzigstem, tagelang Bombenwetter, und als ich zum Grillfest einlade - Bämm! - Wolkenbruch! Da hat sie mich zum ersten Mal verlassen, als ich deswegen ausgerastet bin. Vorigen Sommer, als ich unser Straßenfest organisiert habe - Wusch! - Orkanböen! Uns ist die Bierbude weggeflogen! Den Nudelsalat haben wir von den Wohnzimmerfenstern gekratzt!«

»Aber da kann doch die Wettervorhersage nichts für!«

»Ihr redet euch immer raus! Nie kann man euch vertrauen! Normalerweise schalte ich gleich ab, wenn ihr da mit euren Pfeilen und Wölkchen und Temperaturen rumhantiert!«

»Und gestern haben Sie nicht abgeschaltet?«

Willi bückte sich zu ihm hinunter und drückte ihm den Pistolenlauf auf die Nase.

»Ja, ja, das war ein Fehler! Ein einziges Mal habe ich Dir vertraut! Nur ein einziges Mal! Ich musste auf Nummer sicher gehen! Elli hat gesagt, wenn ich das mit dem Hochzeitstag versemmele, ist sie weg! Zum ersten Mal hab ich gedacht, jetzt hörst du mal besser auf diesen Schrat da im Fernsehen, der kennt sich ja doch irgendwie aus, der ist ehrlich, der meint es ernst. Und dann so was! Also erzähl mir jetzt nichts von deinem Omega-Kokolores! So was gibt es gar nicht! So was denkt ihr euch doch nur aus, um uns alle bekloppt zu machen!«

Im Hintergrund grollte Donner durch die Luft. Immer lauter und lauter.

»Eine Omegalage, das ist eine stabile Hochdrucklage, und die beginnt südwestlich von Deutschland, und dann strömt das atlantische Tiefdruckgebiet um uns herum und landet dann wieder im östlichen Mittelmeer, und …«

»Aber es strömt doch nicht drum herum, es ist doch hier, du blöder Heiopei! Hier! Jetzt! Guck doch, wie es hier strömt!«

Er reckte die Arme weit ausgebreitet in die Luft und legte den Kopf in den Nacken, um einen gepeinigten Schrei in den bleigrauen Himmel hinauszustoßen.

In diesem Augenblick erkannte Ernst-Ulrich Olm seine einzige Chance. Er nahm all seinen Mut zusammen und warf sich nach vorne, packte mit aller Kraft Willis Beine und brachte ihn mit einem Ruck zu Fall. Der Körper klatschte ins nasse Gras, die Waffe entglitt seiner Hand und trudelte in hohem Bogen durch die Luft. Als sie über das Geländer des Dachgartens flog und in der Tiefe verschwand, stieß Willi einen viehischen Schrei aus und versetzte Olm einen Tritt gegen das Kinn, dass es nur so krachte. Er wurde zurückgeschleudert und schlug mit dem Hinterkopf gegen den Smoker. Es dröhnte blechern.

Die Streichhölzer lagen überall auf dem nassen Boden verstreut, Willi erhob sich ächzend und griff nach dem Erstbesten, mit dem er dem Wettermann Gewalt antun konnte. Der große Sonnenschirm, dessen Bespannung in Fetzen durch die Luft flatterte, sah aus wie eine riesige Antenne. »Ich spieße dich

auf!«, brüllte Willi und hob den Schirm hoch über den Kopf. Der Wind riss ihm die Kapuze herunter, und seine schwarzen Haare wirbelten umher. Mit dem spitzen Ende des Schirms zielte er auf sein am Boden kauerndes Entführungsopfer. »Ich spieße dich auf und mache Cevapcici aus dir! Du kommst auf den Grill, du dreckiger Lügner!«

»Aber ich bin doch kein Lügner! Ich bin Diplom-Meteorologe! Ich mache doch nur meine Arbeit!«

»Jeden Abend lügst du den Leuten die Hucke voll und lachst dir ins Fäustchen! Du hast alles kaputtgemacht mit deiner falschen Vorhersage! Ihr Typen wisst ja gar nicht, was ihr Tag für Tag mit eurem gequirlten Quatsch auslöst! Wenn ihr sagt, es kommt Grillwetter, dann stellen sich die Menschen auch auf Grillwetter ein, das ist doch wohl klar!«

Olm stutzte: »Moment mal, was soll ich gesagt haben?«

»Grillwetter hast du vorhergesagt! Grillwetter!«

Mit einem entschiedenen Kopfschütteln erklärte Olm: »Nein, nein, nein, da handelt es sich jetzt aber um einen Irrtum. Von Grillwetter war gestern Abend überhaupt nicht die Rede.«

»Aber klar doch! Herrliches Grillwetter! Wortwörtlich!«

»Nicht herrliches Grillwetter! Heftiges Gewitter! Das habe ich gesagt! Ich habe Gewitter prognostiziert, kein Grillwetter.«

»Aber ...« Willi stand immer noch breitbeinig da und hatte den Schirm hoch erhoben. »Soll das etwa heißen ...« Er hatte die Augen in ungläubigem Entsetzen weit aufgerissen.

»Ich sagte, dass es zu heftigen Gewittern kommen kann. Im Tagesverlauf ist mit Schauern und Gewittern zu rechnen, das habe ich vorhergesagt. Und ich will ja nicht kleinlich sein, aber genau das ist ja nun wohl auch eingetreten.«

Willis Gesichtszüge entgleisten. Mit einem Mal schien er zu begreifen, dass es doch schon wieder einmal seine Schuld gewesen war, dass er es schon wieder einmal verkackt hatte. Dass seine Frau es völlig zu Recht nicht mehr mit ihm aushielt.

»Sie werden einfach nicht richtig zugehört haben!«

»Gewitter«, stammelte Willi. »Grillwetter ... Gewitter ... Grillwetter ...«

Und Ernst-Ulrich Olm fühlte sich in diesem Moment wieder einmal voll und ganz in seiner Vorhersage bestätigt. Er lag eigentlich immer richtig. Seit fast vierzig Jahren lebte er für das Wetter. Alles stimmte, so wie immer. Das Gewitter war ja bereits in vollem Gange. Seine Vorhersagen trafen immer ein. Die ersten

Ausläufer zogen mit hoher Geschwindigkeit über sie hinweg. In seinem Unterbewusstsein hatte er in den vergangen Minuten den Abstand zwischen Donner und darauffolgendem Blitz abgezählt und ganz beiläufig registriert, dass es näher und näher kam. Es donnerte jetzt wieder. Und jetzt kam der Blitz auch schon zeitgleich.

Und er schlug mit einer grellen, gleißenden Faust in das Gerippe des geradezu einladend aufgerichteten Sonnenschirms ein, fuhr durch das Metall, hinein in den Körper des Mannes, schüttelte ihn und ließ ihn schließlich in einer Wolke von Rauch und Asche zu Boden stürzen.

Willis Körper dampfte, auf den Händen waren riesige Brandblasen zu sehen, die Haare standen wie ein Strahlenkranz vom Kopf ab. Das Gesicht war gottlob nicht zu sehen.

Als Ernst-Ulrich Olm sich kurze Zeit später endlich aus seiner Schockstarre löste und langsam zurück zum Fahrstuhl kroch, nahm er den Schmorgeruch wahr, den der Sturm verwirbelte und mit sich davontrug. Und er stellte fest, dass trotz der nassen Streichhölzer doch noch genügend Hitze zustande gekommen war, dass wenigstens ein klein wenig Barbecue-Feeling hatte aufkommen können.

Und das bei dieser doch nun wirklich ganz und gar ungünstigen Wetterlage.

LICENSE TO GRILL

von Ralf Kramp

Es fing alles an wie immer, im neunten Stock. Mit eleganten Schwung warf er im Vorzimmer seinen Trilby auf die Spitze des Kleiderständers und hauchte Miss Peggy Maggi einen Kuss auf die Wange.

»Es ist dringend, James«, sagte sie mit einer halbherzigen Abwehrgeste. »Eine mittlere Krise.«

Sein Name war Beef, James Beef, und hinter der gepolsterten Mahagonitür saß Medium, sein Chef und trommelte ungeduldig mit den Fingern auf dem Tisch.

»Guten Morgen, James«, knurrte er. »Sie haben sich verdammt noch mal Zeit gelassen.«

»Ich hatte Besuch.«

»Kann mir schon denken, welche Art Besuch das war.«

James' Erinnerung an die atemberaubende Rothaarige mit den heißen Kurven und dem vielsagenden Namen Sizzle löste sich sofort in Luft auf, als sein Chef mit der flachen Hand auf den Tisch schlug.

GIB IHM SAURES

CURRY-SAUERRAHM-DIP MIT APRIKOSE

ZUTATEN FÜR 1 SCHÄLCHEN:
- 250 g Sauerrahm oder Schmand
- 1/2 TL Curry
- 4 EL Aprikosenmarmelade oder auch frisches Aprikosenpüree
- Salz, Paprika, Pfeffer

ZUBEREITUNG:
Alle Zutaten miteinander verrühren und mit Salz, Paprika und Pfeffer abschmecken.

»Grill Grates! Sie haben gehört, dass er tot ist?«

Statt einer Antwort zog er nur bedeutungsvoll die rechte Augenbraue hoch.

»Er wurde heute Morgen in seinem Cabinet Smoker gefunden, totgeräuchert.«

Der amerikanische Fleisch-Milliardär Grill Grates, so war aus der Yellow Press bekannt, pflegte allabendlich Entspannung in einer zwanzig Quadratmeter großen Räucherkammer zu suchen.

»Dann hat er es ein bisschen übertrieben«, murmelte Beef.

»Wohl kaum. Es sei denn, er hat sich selbst mit Mund und Nase an die Buchenholzrauchzufuhr gefesselt.«

Beef zog die linke Augenbraue hoch. »Ein Fall für die Polizei von Seattle, schätze ich mal.«

»Könnte man meinen. Aber wenn ich Ihnen jetzt sage, dass Grill Grates der Chef des internationalen Geheimbunds UMAMI war, des *Undercover Meat And Mustard Incorporated*, dann ahnen Sie, was los ist.«

Zur Abwechslung wanderten beide Augenbrauen in die Höhe. »Fleisch und Senf?«

»Ja, den Senf hat dieser Deutsche dazugetan. Es handelt sich um eine Handvoll mächtiger Fleischproduzenten, die den weltweiten Markt nach ihren eigenen Regeln beherrschen. Eine Geheimorganisation, die vor nichts zurückschreckt.«

»Und wenn dieser Grill Grates jetzt ein bisschen ... *gut durch* ist, dann könnte das bedeuten, dass bei diesen Brüdern ein Machtkampf im Gange ist?«

Medium nickte mit einem bitteren Zug um den Mund. »Ja, verdammt. Zuerst war es Duroc Sous Vide, der Franzose, den man vorletzten Monat in seinem allmorgendlichen Rinderbrühebad fand. Da ging noch alle Welt von einem Unfall aus, aber jetzt ...« Er rang verzweifelt die Hände. »Das bringt Turbulenzen, die leicht die gesamte Weltwirtschaft in Unruhe bringen könnten.«

»Und wer ist bei diesem Verein der nächste in der Rangfolge? Wer beerbt Grates?«

»Yakitori Kamado«, murmelte sein Chef.

»Ein Japaner?«

»Exakt. Lebt seit vier Jahren in England.«

James Beef senkte beide Augenbrauen und verengte die Augen zu Schlitzen. »Ich werde ihm auf den Zahn fühlen müssen.«

»Ja, tun Sie das, James. Sie haben die Doppel-Null, Sie haben die Lizenz zum Grillen!«

Der Aston Martin T-Bone brachte ihn in knapp zwei Stunden in das beschauliche Städtchen Sandwich am Ärmelkanal. *Meatball Hall*, ein prächtiges Tudor-Anwesen, thronte auf einer Anhöhe, umrahmt von einem ausgedehnten Wald, der wiederum von Mauern, Stacheldraht und Wassergräben eingefasst wurde. Beef wartete, bis die Dunkelheit hereinbrach. Die Dobermann-Rotte, die ihn sogleich bemerkte, als er einen Versuch startete, von Westen her über ein verrostetes Stück Maschendrahtzaun auf das Gelände zu kommen, besänftigte er mit goldgelben Kartoffel-Käse-Frikadellen, die ihm seine Zugehfrau ab und an briet, um ihn von seinem übermäßigen Fleischkonsum abzubringen. Die Dinger schmeckten gar nicht mal schlecht, aber er aß sie nur heimlich – er hatte einen Ruf zu verlieren.

Den Hunden jedenfalls mundeten sie hervorragend. Als er in Richtung des Hauses davonschlich, beachteten sie ihn kaum noch.

Seltsamerweise begegnete er keinen Wachen, und auch die Alarmanlage schien nicht eingeschaltet zu sein. Geradezu einladend stand eine gläserne Terrassentür offen. Normalerweise benötigte er für solche Einbrüche die Gerätschaften von BBQ, dem Waffenmeister des Geheimdienstes, aber hier standen ihm Tür und Tor offen. Also trat er ein. Er befand sich allem Anschein nach im Salon. Im Halbdunkel erkannte er einen Designer-Konzertflügel in Kotelettform und einige Vitrinen, in denen bleiches Licht auf die ausgestellten Sammlerstücke herunterrieselte: Eine abgenagte Schweinerippe, zugeschrieben Heinrich VIII., eine mumifizierte Bratwurst, Ägypten, ca. 13. Dynastie, ein besonders gut

BULLEN-BULETTEN

KARTOFFEL-KÄSE-FRIKADELLEN MIT SPINATSALAT

ZUTATEN FÜR 4 PERSONEN:

Für die Frikadellen:
- 800 g Kartoffeln
- 1 Ei
- 150 g geriebener Käse (vorzugsweise Emmentaler)
- 1-2 TL Speisestärke (je nach Konsistenz des Teigs auch mehr)
- Salz
- Muskat
- Fett für die Pfanne
- Mehl für die Hände

Für den Spinatsalat:
- 400 g frischer Babyspinat
- 100 ml frischgepresster Orangensaft
- 2 EL dunkler Balsamico-Essig
- 2 EL Olivenöl
- 1 EL Senf
- Salz, Pfeffer, Knoblauchpulver, Zucker

ZUBEREITUNG:

Die Kartoffeln als Pellkartoffeln garen und noch warm pellen und zerstampfen. Ei, Salz, Muskat und die Speisestärke zugeben und alles zu einem Teig verkneten.
Mit bemehlten Händen handgroße, etwas dickere Fladen formen und in heißem Fett goldgelb ausbacken.
In einer Grillschale auf dem Grill erhitzen.
Wer eine Grillplatte besitzt, kann die Frikadellen natürlich auch direkt auf dem Grill in Fett ausbacken.
Für den Salat die Spinatblätter verlesen und waschen, trockenschütteln. Aus den restlichen Zutaten eine Vinaigrette rühren und diese mit Salz, Pfeffer, etwas Knoblauchpulver und Zucker abschmecken. Den Salat kurz vor dem Servieren mit der Marinade vermengen und die Frikadellen darauf anrichten.

erhaltenes Nackensteak, Pompeji, 79 nach Christus ...

Dann entdeckte er einen zerbrochenen Hepplewhite-Stuhl, und sein Blick fiel auf das im Kamin vor sich hin knisternde Feuerchen. Auf einem Grillrost darüber schmurgelte etwas, das betörende Röstaromen im Raum verbreitete.

Der Körper eines Mannes lag zusammengekrümmt auf den Steinplatten, und sein Kopf ruhte auf dem heißen Rost. Mit einem schnellen Satz war James bei ihm und riss ihn aus der Kaminöffnung. Auf der linken Gesichtshälfte des Asiaten prangte ein knuspriges, schwarzbraunes Gittermuster. James brauchte gar nicht

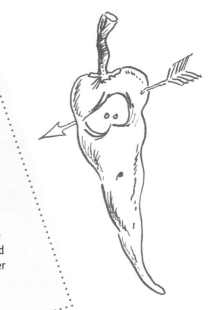

erst sein Fleischthermometer hervorzuholen, um die Kerntemperatur zu messen und festzustellen, dass Yakitori Kamado nicht mehr unter den Lebenden weilte.

Plötzlich zerriss ein Geräusch die Stille, und Beef fuhr herum. Ein kleine, stämmige Gestalt war im Durchgang zum Nebenraum erschienen und schrie etwas auf Japanisch. Bevor Beef seine Waffe zücken konnte, nahm der kleine japanische Wicht einen metallisch blinkenden Wok zur Hand, den er wie einen Diskus nach ihm warf. Das tödliche Gerät verfehlte seinen Kopf nur um wenige Zentimeter, beschrieb eine elliptische Flugbahn, zerschnitt dabei mit seiner messerscharfen Kante die Kerzen auf dem Standlüster und die Blumengestecke auf den Beistelltischen und kehrte zurück zu seinem Besitzer, der es mit einer an ein Wunder grenzenden Behändigkeit wieder auffing.

James warf sich hinter das gewaltige Chesterfield-Sofa und überlegte fieberhaft, wie er dem mörderischen Zwerg entkommen konnte, da fiel ein Schuss! Ein Röcheln war zu hören, dann ein lautes Plumpsen, und bleierne Stille machte sich augenblicklich im Raum breit.

FEUER FREI!

TIPP

Für die vegetarische Variante 1000 g Räuchertofu würfeln oder 350 g Sonnenblumen-Hack nach Packungsanleitung einweichen und vorbereiten. Das Veggie-Gulasch nur kurz schmoren lassen, bis das Gemüse gar ist.

Als er vorsichtig den Kopf hob, sah er eine langbeinige Schwarzhaarige in einem halbtransparenten, blassgelben Negligé auf sich zukommen. In ihrer Hand hielt sie eine kleinen Derringer.

Sie ging neben dem toten Hausherrn auf die Knie.

»Der Zwerg mit dem Wok war es«, erklärte Beef und zupfte sich die Krawatte zurecht. »Ich bin zu spät gekommen.«

»Odd Wok?« Sie blickte auf. »Niemals. Er war sein loyaler Diener.«

Er robbte auf allen vieren zu der kauernden Frau hin. »Wie heißen Sie?«

»Maria Mortadella«, hauchte sie.

»Wie kann ich Ihnen beweisen, dass ich es nicht getan habe?« Er hatte eine Doppel-Null, und das, was sie da hatte, war zweifelsohne Doppel-D. Sanft nahm er ihr die Pistole aus der Hand. Sie befanden sich auf einem Bärenfell vor einem Kaminfeuer, also los.

»Wenn Odd Wok es nicht war, und Sie auch nicht«, flüsterten ihre Lippen in sein Ohr, »dann sollten Sie vielleicht einmal über die Möglichkeit nachdenken, dass ich es getan habe, Mr Beef.« Er sah nicht, von wo sie die Spritze hervorgezaubert hatte, die sie ihm im nächsten Moment in den Hals bohrte.

SZEGEDINER GULASCH AUS DEM DUTCH OVEN

ZUTATEN FÜR 8 PERSONEN:
- 1000 g Rinder- oder Schweinegulasch (aus der Wade, von Hals oder Schulter)
- 500 g Zwiebeln
- 2 Paprikaschoten (der Optik wegen)
- 500 g Sauerkraut
- 2 TL Tomatenmark
- 4 Knoblauchzehen
- Salz, Zucker, Pfeffer, rosenscharfer Paprika und Kümmel
- 4 EL Öl oder Schweineschmalz
- etwas Essig oder Weißwein
- Schmand oder Sauerrahm
- 8 große runde Brötchen

ZUBEREITUNG:

Die Zwiebeln schälen und würfeln, mit dem Öl im Feuertopf des Dutch Oven anbraten, bis sie glasig und leicht braun sind. Die Gulaschwürfel zugeben und bei hoher Hitze von allen Seiten ringsum bräunen lassen. Das Sauerkraut auseinanderzupfen und obenauf geben. Mit etwas Wasser und Essig oder Weißwein angießen. Die Paprikaschoten putzen und in feine Streifen schneiden. Die Knoblauchzehen zerdrücken. Beides dem Gulasch zugeben und mit Tomatenmark, Salz, Zucker, Pfeffer, Paprika und Kümmel abschmecken. Gute zwei bis drei Stunden bei geschlossenem Deckel und mittlerer Hitze schmoren lassen und nach Bedarf etwas Wasser oder weiteren Wein angießen. Mit einem Klecks Schmand oder Sauerrahm im Brötchen servieren. Die Brötchen aushöhlen, damit jeweils eine ordentliche Portion Gulasch hineinpasst.

Ein mechanisches Rauschen drang an seine Ohren. Darunter mischte sich ein kollerndes Lachen. Als James Beef die Augen öffnete, erkannte er die plumpe Gestalt von Ulrich Wurstfinger, dem deutschen Senfmillionär, der ein Glas erhob.

»Willkommen an Bord, Mr Beef«, sagte er grinsend. »Ich würde Ihnen einen Wurstbrühe-Cocktail anbieten – gestückelt, nicht gebrüht –, aber wir haben leider wenig Zeit.« Er griff mit zwei Fingern in das rötliche Pulver in der kleinen Schale auf einem Beistelltisch und schnupfte es. Dann nieste er kräftig und putzte sich mit glänzenden Augen die Nase. »Magic Dust. Ich liebe das Zeug. Keine Ahnung, warum alle nur ihr Grillfleisch damit einreiben.«

James Beef blickte um sich. Das hier war kein Flugzeug und auch kein Helikopter. Das Maschinengeräusch war nicht besonders laut, und ringsum waren Fenster in die Wände eingelassen. Sie befanden sich in einem Zeppelin.

»Ja, genau«, sagte Wurstfinger, der seinen forschenden Blick richtig deutete. »Sie haben ihn schon öfter über London kreisen sehen.«

So war es. Eine riesige Grillwurst, die für ein deutsches Unternehmen aus Nürnberg warb, zu dem Ulrich Wurstfinger ein verwandtschaftliches Verhältnis pflegte.

Wurstfinger holte ein ledernes Zigarrenetui aus der Innentasche seines grünlich karierten Jacketts. »Keine Sorge, Mr Beef. Ich bin Nichtraucher.« Er zog eine von fünf kleinen Rostbratwürsten daraus hervor. Dann zog er an seiner Uhrkette ein Medaillon aus der Tasche seiner Weste, in dem er Senf aufbewahrte. Er stippte die Wurst hinein, biss ab und kaute genüsslich. »Rauchen wäre hier drin auch äußerst gefährlich, denn rings um die Fahrgastkabine befinden sich vierundzwanzig 50 Liter-Tanks, randvoll mit flüssigem Grillanzünder.«

»Was haben Sie vor, Wurstfinger?«, fragte Beef und ruckte an den Handschellen, mit denen seine Linke an einem mit dem Boden verschraubten Metalltisch gefesselt war.

An der rechten Fensterfront sah Beef gemächlich den Turm der *Houses of Parliament* vorbeigleiten und glaubte, Big Ben schlagen zu hören.

»Nun, Sie werden es zwar in zehn Minuten selber sehen, aber ich verrate es Ihnen trotzdem: Der Zündmechanismus wird genau dann ausgelöst werden, wenn dieses wunderschöne Luftschiff sich über der Gartenanlage des Buckingham Palace befindet. Die Queen hat heute zu ihrem berühmten Gartenfest mit Barbecue eigeladen. Nun, es wird *das* Barbecue ihres Lebens ... Das letzte!« Er lachte dröhnend und schluckte den Rest der Wurst hinunter. »Dann wird man endlich erkennen, wer auf der Welt das Rouladengarn in der Hand hält! Meinen letzten Konkurrenten bei UMAMI, den Brasilianer Plancha Churrasco, habe ich

FROSTIGES FINALE

ZUTATEN
FÜR 1 KASTENFORM (12 STÜCKE):
- 250 ml Milch
- Mark einer halben Vanilleschote
- 60 g Zucker
- 2 Eigelb
- 1 Blatt Gelatine
- 250 ml Sahne
  (mit je 1 EL Zucker und Rum)
- 1-2 Scheiben Pumpernickel,
  alternativ Schwarzbrot
- Rum zum Beträufeln des Brots
- 400 g Preiselbeer- oder
  Kirschkompott
- Schokoladenspäne für die Dekoration

vor zwei Stunden ausgeschaltet. Mit einer ungarischen Gulaschkanone! Jetzt bin ich die Nummer Eins!«

Er bückte sich, zog einen Fallschirm hinter einem Sessel hervor und legte sich die Schlaufen um die Schultern.

Zehn Minuten! Beef biss sich auf die Unterlippe. Er hatte nicht vor, als fliegendes Grillhähnchen auf dem Tisch der Queen zu landen. Was konnte er tun?

»Es tut mir leid, dass ich Sie nun verlassen muss, Mr Beef. Ich hätte gerne noch bei ein paar Löffelchen Pumpernickel-Parfait ein wenig mit Ihnen geplauscht, aber am St. James Park muss ich dringend aussteigen. Keine Sorge, der Autopilot bringt Sie sicher ans Ziel.«

»Einen Moment noch, ich möchte wenigstens noch einmal Ihren berühmten Senf kosten!«

ZUBEREITUNG:

Die Gelatine nach Packungsanleitung auflösen. Milch mit Vanillemark, Zucker und Eigelb in einen Topf geben und auf der Herdplatte abschlagen, bis die Masse hochsteigt. Die Gelatine in die etwas abgekühlte, aber noch warme Masse einrühren. Sahne schlagen und unter die vollständig abgekühlte Masse heben.

Pumpernickel fein zerbröseln und in einer Pfanne ohne Fett anrösten. Brotbrösel anschließend mit Rum beträufeln.

Die Eismasse in eine kalt ausgespülte Kastenform abwechselnd mit den Brotbröseln und dem Kompott einschichten. Anschließend 4-5 Stunden frieren lassen. Vor dem Anschneiden die Kuchenform kurz in heißes Wasser tauchen und stürzen. Das Parfait mit Schokoladenspänen dekorieren und in Stücke schneiden.

Mit einem mitleidigen Lächeln zog Wurstfinger ein weiteres Würstchen hervor und wiederholte die Prozedur mit dem Senfmedaillon. Dann steckte er es ihm in den Mund. »Wohl bekomm's!«

Beef pustete augenblicklich los, was seine Lungen hergaben. Das Würstchen schoss torpedogleich nach vorn und traf Wurstfinger hart auf der Stirn. Der dicke Mann taumelte zurück. James Beef nutzte den Moment der Unachtsamkeit und trat gegen das Schälchen mit Magic Dust, dessen Inhalt sich in einer paprikafarbenen Wolke um Wurstfingers bulligen Kopf ausbreitete. Wurstfinger schrie auf, nieste ohne Unterlass und stürzte zu Boden. Mit seiner silbernen Krawattennadel in Schaschlikspießform hatte Beef im Nu die Handschellen geöffnet und legte sie stattdessen dem zappelnden Wurstfinger an.

Im Cockpit verschaffte er sich rasch einen Überblick über die Situation. Vor ihm war der näher und näher kommende Buckingham Palace zu sehen. Der Autopilot unterschied sich kaum von dem eines Flugzeugs. Er betätigte ein paar Tasten und Hebel, und die Fahrtrichtung änderte sich. Zwischen dem hektischen Gewühl des Londoner Verkehrs wurde das silberne Band der Themse sichtbar. Der Timecode für die Zündung ließ sich mithilfe eines einfachen Drehreglers verändern.

Wurstfinger schrie immer noch wie am Grillspieß. Vergeblich versuchte James Beef, ihm den Fallschirm von den Schultern zu zerren. »Von wegen!«, brüllte Wurstfinger. »Ich nehme Sie mit ins Ewige Grillfeuer, Beef!«

In diesem Moment erkannte der Agent seine einzige Chance. Er entriegelte die Sperre der Gleittür und schob sie auf. »Bon voyage, Mr Wurstfinger!«, rief er. Der Wind stob herein und wirbelte das Innere der Kabine durcheinander. Und dann machte er einen beherzten Satz mitten hinein in eine der Gondeln des London Eye, das sie gerade passierten.

Die junge Blondine schrie spitz auf, als er neben ihr landete. »Wer sind Sie?«, schrie sie mit holländischem Akzent. »Steigen Sie sofort aus!«

»Keine Angst, mein reizender kleiner Dutch Oven«, sagte er und legte den Arm um ihre Schulter. »Ich möchte nur mit Ihnen ein ganz besonderes Schauspiel genießen.

Und während sich das Riesenrad träge drehte, schauten sie dem davonfliegenden Wurstzeppelin nach, bis er schließlich weit entfernt über der Themsemündung in einem gewaltigen Feuerball detonierte.

FIFTY SHADES OF BRATWURST

von Carsten Sebastian Henn

Ein Einakter von Carsten Sebastian Henn

Szene 1:   Metzgerei Bernd Flesten, Donnerstag 16:04 Uhr

Eine kleine Dorf-Metzgerei. Anwesend sind nur zwei Männer. Bernd, der fleischige, glatzköpfige Metzger mit rosaroter Haut, und Hugo, ein schlaksiger, anämischer Mann. Beide Mitte 40.

Hugo:	Moin Bernd.
Bernd:	Moin Hugo. Was machst'n du hier? Heut ist doch Donnerstag.
Hugo:	Ich hab heut …
Bernd:	Alles gut bei dir? Du bist so blass.
Hugo:	Ich hab ein Date.
Bernd:	Mit einer Frau?
Hugo:	Ne, weißte, mit einem Elch! Klar mit einer Frau! Und die findet es gut, wenn ein Mann für sie kocht. Was nimmt man denn da so? Was essen Frauen denn?
Bernd:	Helles Fleisch.
Hugo:	Ach, ja?
Bernd:	Ganz sicher. Ich kenn die Weiber.
Hugo:	Dann helles Fleisch.

DURCHBOHRT

BUNTE BRATKARTOFFEL-SPIESSE

ZUTATEN
FÜR 5 SPIESSE:

- 2 Thüringer Rostbratwürste
- 5 kleine Kartoffeln
  (Brätlinge, als Pellkartoffeln
  gekocht und gepellt)
- je 1/2 rote, gelbe und grüne Paprika
- Salz, Pfeffer
- Rosenpaprika oder Curry
- 2-3 EL Öl

ZUBEREITUNG:
Die Bratwürste in 5 gleichmäßig große
Stücke teilen. Die Kartoffeln halbieren.
Die Paprika in gut 3 mal 3 cm große
Stücke schneiden.
Die Bratwurst-, Kartoffel- und Paprika-Stücke
abwechselnd auf den Spießen aufreihen.
Das Öl würzen und die Spieße damit
ringsum leicht bestreichen.
Auf der Grillrostmitte angrillen und dann
rund 10 Minuten (Holzkohlegrill) unter
gelegentlichem Wenden in der indirekten Zone
am Rand weitergaren.
Nach Geschmack noch etwas nachwürzen.

TIPP Dazu schmeckt selbstgemachte BBQ-Sauce oder
auch der Paprika-Schmand-
Dip aus diesem Buch.

Bernd: Aber grillen! Nicht elektrisch,
sondern in echt. Mit Flammen.
Da stehen die Weiber drauf.
Das ist so ein Ur-Instinkt, der stammt noch aus der Steinzeit. Wenn
die einen Mann sehen, der auf offenem Feuer grillt, da werden die
wuschig. Da kommen die gar nicht gegen an.

Hugo: Sogar bei Pute?

Bernd: Sogar bei Pute.

Hugo: Dann Pute.

Bernd: Und Hugo?

Hugo: Ja?

Bernd: Servier ihr einen Hugo dazu! *(lacht schnarrend)*

Hugo: Haha, den hab ich ja noch nie gehört.

Bernd: Der wird einfach nie alt.

Szene 2:   Metzgerei Bernd Flesten, Samstag 11:32 Uhr

Bernd: Moin Hugo, brauchste wieder Pute für die Pute?

Hugo: Ne, lass mal.

Bernd: Hat es ihr etwa nicht geschmeckt?

Hugo: Doch, ja, schon. Aber danach, also ... Wir haben schon rumgemacht ... aber irgendwie kam sie nicht auf Stimmung. Vielleicht hätte ich doch Rind nehmen sollen.

Bernd: Haste mal ein Foto von ihr?

Hugo tippt auf seinem Handy herum, reicht es dann Bernd.

Hugo: Das ist sie. Die Chantalle.

Bernd: *(pfeift)* Aber holla die Waldfee!

Hugo: Ja, oder?

Bernd: Das Foto hättest du mir mal eher zeigen sollen.

Hugo: Wieso? Hättest du mir dann was anderes empfohlen als Pute?

Bernd: Ich kenn den Typ Weib. Ich kenn den genau!

Hugo: Arbeitet bei einem Gerüstbauer. Im Büro.

Bernd: Also an der ihrem Gerüst würde ich auch gerne mal bauen!

Hugo nimmt ihm das Handy wieder ab.

Hugo: Wenn du sonst nichts zu sagen hast, gehe ich jetzt in den Supermarkt Alkohol besorgen. Frauen brauchen so süßen Kram. Ich mach ihr nen *(kichert)* Hugo, klar. Oder irgendwas

	Sahniges mit Vanille. Ich brauch was mit Vanille. Soll wohl amorphisie... antifrisierend, ne ... afrophantasierend sein.
Bernd:	Vergiss Vanille. Die Chantalle ist kein Weib für Vanille. Wenn du willst, dass sie die Fleischeslust packt, dann musst du entsprechendes ... Werkzeug bereithalten.
Hugo:	So Sexspielzeug?
Bernd:	Ne, besser!
Hugo:	Was ist denn bitte besser?«
Bernd:	Warte!
Hugo:	Du hast das hier in der Metzgerei?

Bernd verschwindet und kommt mit Grillhandschuhen und einer Grillzange wieder.

Bernd:	Nichts ist erregender!
Hugo:	Was soll ich damit denn bitte machen?
Bernd:	Na, was wohl? Die Chantalle heiß machen. Zieh dir die Grillhandschuhe an und pack sie dir. Nimm die Grillzange und pack damit ihr Ohrläppchen, ihre Nase, ihre Lippen.
Hugo:	Tut das denn nicht weh?
Bernd:	Das ist der neueste Trend aus den *US of A. Grill-Erotic!* Sich selbst wie Grillgut fühlen, das bringt es, ich sag es dir.
Hugo:	Also ich weiß nicht ... Ich will mich nicht wie Grillgut fühlen.
Bernd:	Aber die Chantalle! Die will sich heiß wie ein Steak fühlen, knusprig wie ein Chicken Wing, saftig wie eine frische Rostbratwurst!
Hugo:	Wenn du das so sagst ...
Bernd:	Ja, so sage ich das! Hast du gutes Grillwerkzeug?
Hugo:	Das alte von meinem Vater, die beige Grillhandschuhe und das ...
Bernd:	Kauf dir neue! Rote Grillhandschuhe, und eine Grillzange. Groß muss die sein. Auf die Größe kommt es an!

Szene 3: Hugos Balkon

Hugo steht am Grill und beginnt plötzlich mit den Hüften zu kreisen. Dann bewegt er sexy seine neuen Grillhandschuhe dazu. Oder was Hugo dafür hält. Rot hat er nicht bekommen, aber immerhin rosa. Er nähert sich Chantalle.

Chantalle: Du, Hugo, was hast du mit den Handschuhen ...

Hugo: Ist was ganz Neues, aus den *US of A*.

Chantalle: Sind das die Grillhandschuhe, mit denen du gerade ...?

Hugo: Ja, ich bin ein ganz schweinischer Junge!

Chantalle: Sag mal, Hugo, bist du irgendwie ... pervers?

Hugo: Oh, Chantalle, du bist so heiß wie ein Steak, so knusprig wie ein Chicken Wing, und so saftig wie eine frische Rostbratwurst!

Chantalle: Ähm, Hugo ...

Hugo: Warte, bis du meine große Grillzange aus Edelstahl mit Silikongriffen gesehen hast!

SCHNELLES HIMBEER-SORBET

EISKALTES HÄNDCHEN

ZUTATEN FÜR 350 ml:
- 250 g frische Himbeeren
- Puderzucker oder andere Süßungsmittel nach Geschmack
- 1 TL Zitronensaft oder nach Geschmack auch 1 TL Vanillezucker
- 100 ml Naturjoghurt

ZUBEREITUNG:
Die Himbeeren vorsichtig waschen und frieren lassen. Die gefrorenen Himbeeren in ein hohes Gefäß geben und zusammen mit den übrigen Zutaten mit einem starken (Stab-)Mixer pürieren. Das Eis sofort servieren oder noch bis zu einer Stunde ein wenig fester frieren lassen.

Szene 4:   Metzgerei Bernd Flesten, Dienstag 11:32 Uhr

Bernd: Hugo, du siehst übermüdet aus.

Hugo: Hab wenig schlafen können die letzten Nächte.

Bernd: Du solltest dich krankschreiben lassen.

Hugo: Hab ich.

Bernd reicht ihm eine Scheibe Fleischwurst.

Bernd: Geht aufs Haus.

Hugo: Ich hab alles genau so gemacht, wie du gesagt hast.

Bernd: Das ist immer das Beste.

Hugo: Aber Chantalle ...

Bernd: Du darfst eine Frau natürlich mit sowas nicht gleich überfallen.

Hugo: Das sagst du jetzt!

Bernd: Versteht sich ja von alleine.

Hugo: Als ich ihr mit den Grillhandschuhen über die Haare gefahren bin, und dann lustvoll ihren ...

Bernd: Warte, warte! Du hast die Bauweise der Milchtheke kontrolliert. *(Er lacht heiser.)*

Hugo: Da hat sie mir eine geknallt, ist aufgestanden und hat sich im Handumdrehen ihre Jacke angezogen.

Bernd: Mann, du hättest mit der Grillzange anfangen sollen! Ich sag immer: die knisternde Erotik liegt in der Grillzange. Die ist der Taktstock aller fleischlichen Gelüste. Blöd gelaufen.

Hugo: Zuerst ja. Aber dann kam sie zurück.

Bernd: Ach.

Hugo: Und hat mich hemmungslos geküsst.

Bernd:	Hab ich's nicht gesagt!
Hugo:	Danach kam die Grillzange zum Einsatz. Sie konnte gar nicht genug davon bekommen.
Bernd:	Und meine Bratwürste?
Hugo:	Davon auch nicht. Sie hat sie sehr … lustvoll gegessen.
Bernd:	Auhauerha. Die Nächte waren also schlaflos, weil ihr zwei …
Hugo:	Ja.
Bernd:	Jetzt brauchst du mehr?
Hugo:	Dringend. Ich muss ihr wieder was bieten. Die Frau ist unersättlich.
Bernd:	Hab ich direkt angesehen. Warte.

Bernd verschwindet und kehrt mit einem Magazin zurück, das schon ziemlich zerlesen wirkt. Er reicht es Hugo.

Bernd:	Hier, die »Fleischeslust«. Ist das absolute Spezial-Magazin für Grill-Erotic. In der Ausgabe ist ein Sonderteil zu Früh-Kartoffeln in Alufolie und zu Marinade-Pinseln. Mit Schritt-für-Schritt-Anleitung. Unfassbar sag ich dir. Solche Wonnen der Lust hat deine Chantalle noch nie erlebt. Die wird sich fühlen, als würde sie selbst auf dem Rost brutzeln.
Hugo:	Ich brauch auch was Neues für den Grill.
Bernd:	Deine Chantalle *(er macht eine dramaturgische Pause)* ist jetzt bereit für rotes Fleisch!
Hugo:	Pack mir verdammt nochmal alles ein, was du da hast!

Szene 5:   Metzgerei Bernd Flesten, Dienstag 8:01 Uhr

Hugo zittert am ganzen Leib.

Bernd: Du warst eine ganze Woche nicht mehr bei mir! Und jetzt heute bist du der erste Kunde. Was ist passiert?

Hugo: Die Frau ist unersättlich. Sie will immer noch mehr. Zuerst wollte ich sie mit Apfelremoulade einreiben, aber es musste schärfer sein, prickelnder! Dabei habe ich drei Dutzend Marinade-Pinsel und 70 Meter Alufolie verbraucht. Ich hab die ganze Frau mariniert und alufoliert, Herrgottnochmal!

Bernd: Jetzt beruhig dich doch erstmal.

Hugo: Ich hab mir alle Ausgabe der »Fleischeslust« besorgt und durchgelesen.

Bernd: Und?

Hugo: Das hab ich alles schon gemacht.

Bernd: Auch die Sachen mit glühenden Kohlen.

Hugo: Ja, was denkst du denn! Selbst die Lavastein-Nummern.

Bernd: Du könntest mal was mit Frittenfett probieren.

Hugo: Sie will Fleisch, immer mehr Fleisch. Meinst du, ich hätte irgendwas davon abbekommen?

Bernd: Aber wo ist dein Problem, Hugo? Du hast eine unersättliche Frau mit Lust auf Fleisch. Auf deins und das auf dem Grill.

Hugo: Sie braucht immer eine höhere Dosis. Die Marinade muss immer schärfer sein, die Röstnoten immer extremer, die Kerntemperatur immer höher. Es ist verrückt!

Bernd: Das klingt heftig.

Hugo: Ich hab versucht gegenzusteuern. Mit Quark-Honig-Eis. Süße, Zucker, mal was Kaltes. Aber das rührt sie gar nicht an.

HUGO, DER HENKER

ZUTATEN FÜR 4 GLÄSER:

- 600 ml gut gekühlter trockener Prosecco oder alternativ alkoholfreier Sekt
- 400 ml Mineralwasser
- 40 ml Holunderblütensirup
- einige Zweige frische Minze
- 1-2 Limetten (in Scheiben geschnitten)
- nach Belieben Eiswürfel

ZUBEREITUNG:

2-3 Eiswürfel in ein Wein- oder Cocktailglas geben. 2-3 abgezupfte Minzblätter pro Glas etwas zwischen den Finger reiben und auf die Eiswürfel geben. Den Holunderblütensirup zugeben und mit dem Prosecco und dem Mineralwasser auffüllen und 2 Limettenscheiben ins Glas geben. Mit kleinen Minzstängeln dekorieren.

SWEET POISON

HOLUNDERBLÜTENSIRUP

ZUTATEN FÜR 1 LITER SIRUP:

- 1 kg Zucker
- Saft von 1 Zitrone
- 1 l Wasser
- 2 unbehandelte Zitronen auf Scheiben
- 25 ungewaschene Holunderblütendolden

ZUBEREITUNG:

Aus dem Zucker, dem Zitronensaft und dem Wasser einen Sirup kochen und abkühlen lassen.
Die Holunderblüten verlesen und die Blüten weitestgehend von den Stielen abzupfen.
Mit den Zitronenscheiben in ein verschließbares Gefäß (Ansatzglas) oder Kochtopf schichten und mit dem Sirup übergießen. Den Sirup über drei Tage an einem kühlen Ort durchziehen lassen.

Durch ein feines Sieb oder Mulltuch gießen und den Sirup aufkochen lassen. Noch heiß sterile Flaschen füllen und gut verschließen.
Für eine Holunderblüten-Schorle oder einen Holunderblütensekt im Verhältnis 1:7 mit kaltem Mineralwasser oder Sekt aufgießen.

Bernd:	Und sexuell?
Hugo:	Will sie auch immer mehr. Grillhandschuhe bringen gar nichts mehr, und auch über die große Grillzange sind wir schon lange hinweg.

Bernd nickt lange und atmet schwer.

Bernd:	Dann gibt es jetzt nur eine Sache, die höchste Lust in Sachen Grill-Erotic. Aber auch die gefährlichste. Es ist ein Spiel mit dem Feuer, wie es sich für jeden wahren Griller gehört.
Hugo:	Was meinst du? In der »Fleischeslust« stand nichts.
Bernd:	Es gibt eine Ausgabe, die verboten ist. Sie taucht nirgendwo offiziell auf, nur bei einigen Metzgereien gibt es sie gegen horrende Summen zu kaufen.
Hugo:	Hast du etwa …?
Bernd:	Ja, ich hab noch genau ein Exemplar.
Hugo:	Und worum geht es da?
Bernd:	Ich weiß nicht, ob du bereit dafür …
Hugo:	GIB ES MIR!
Bernd:	Es geht um …

KLEIN-GEHACKT

APFELREMOULADE

ZUTATEN
FÜR 1 KLEINE SCHÜSSEL:
- 250 g Frischkäse natur
- 1 säuerlicher Apfel
- 1 Schalotte
- Saft und Abrieb von einer Bio-Zitrone
- etwas Öl
- etwas Honig
- Pfeffer, Curry, Salz
- fein gehackter Schnittlauch

ZUBEREITUNG:
Den Apfel und die Schalotte fein würfeln. Alle Zutaten unter den Frischkäse rühren und mit Honig und den Gewürzen abschmecken.

Hugo:	Ja?!
Bernd:	Grill-Spieße.
Hugo:	Verdammt.
Bernd:	Du fängst mit Bratwurst-Kartoffelspießen an. Der Duft macht sie schon so spitz wie die Spieße selbst. Und wenn ihr sie abgeknabbert habt, dann kannst du damit …
Hugo:	Ich will sie! Ich brauche sie!
Bernd:	Moment, nicht so hastig.
Hugo:	Her damit, sofort!
Bernd:	Ich muss dabei sein. In einem Nebenzimmer. Sonst verkauf ich dir das Magazin nicht. Bei Grill-Spießen kann viel zu viel schiefgehen. Haben wir einen Deal?
Hugo:	Wir haben einen Deal!

Szene 6:   Hugos Wohnung

Auf dem Balkon steht Hugos Grill. Das Bett hat er bis an die Balkontür geschoben, so dass die Grilldämpfe beim Liebesspiel von Hugo und Chantalle zu ihnen hereinwehen. Im Abstellraum nebenan sitzt Bernd auf einer Bierkiste und hört zu.

Chantalle:	Lass mich deine Röstkartoffeln kosten! Lass mich deinen Käsekrainer packen!
Hugo:	Ja! Oh, ja! Den Käsekrainer! Ich will ihn dippen!
Chantalle:	Du kleines, geiles Spanferkelchen!
Hugo:	Du geiles, brutzelndes Grillhähnchen!
Chantalle:	Dann musst du mich aber erst aus der Alufolie wickeln!
Hugo:	Ich reiß sie dir runter von deinen heißen Kartoffeln! Und dann geb ich dir meinen Bratensaft!

Chantalle quiekt vergnügt.
Das Liebesspiel geht weiter, nur kurz unterbrochen vom Verzehr frisch gegrillter Grillwaren. Vor allem von den Bratwürsten kann Chantalle nicht genug bekommen.

Hugo: Ich habe noch eine Überraschung für dich.

Chantalle: Hast du den japanischen Teppanyaki-Grill besorgt?

Hugo: Viel besser! Grillspieße! Mit extra großen Fleischbrocken!

Hugo holt sie unter dem Bett hervor und legt sie mit großer Geste auf den Rost. Sofort erfüllt ihr Aroma das Schlafzimmer, und kurz darauf tropft bereits zischend das Fett in die Glut. Sie schlingen die heißen Brocken von den Stahlspießen, und sogleich beginnt Hugo damit, Chantalle leicht zu pieksen. Erst an den Armen, dann am Rücken und schließlich am Po. Sie stöhnt immer lauter.

Chantalle: Hör nicht auf! Spieß mich wie verrückt!

Plötzlich kommt Bernd aus der Abstellkammer. Er ist splitternackt. Aber er hat sich offensichtlich komplett einmariniert. Süß-scharf, pikant abgeschmeckt. Chantalle schreit auf.

Bernd:	Ich bin Bernd, der Metzger! Und ich will dich, Chantalle! Jetzt und hier! Wir gehören zusammen, wie Glut und Feuer!
Chantalle:	Was?
Hugo:	Wie bitte?
Bernd:	Schon vom ersten Augenblick an, als Hugo mir dein Foto gezeigt hat. Das ganze Fleisch hab ich nur für dich geschlachtet und gewürzt! Alles was er mit dir anstellt, das hab ich ihm gesagt!
Hugo:	Lüge!
Chantalle:	Was macht der hier, Hugo?
Bernd:	Ich hab Hugo gesagt, ich müsste aufpassen, dass ihr euch mit den Spießen nicht verletzt. Aber in Wirklichkeit bin ich hier, um mich dir endlich zu offenbaren! Die Zange, die Rezepte, das Fleisch, die Dips, die Tipps - das kommt von mir! Das bin ich! Du liebst in Wahrheit mich, schon die ganze Zeit!

Chantalle blickt lange zu Bernd. Dann zu Hugo.

Chantalle:	Wenn ich ehrlich bin, hab ich mich gar nicht in Hugo verliebt, sondern in das köstliche Fleisch und die erotischen Spielchen. Aber beim Mann ist mir etwas Handfestes viel lieber.

Sie steht auf und geht auf Bernd zu.

Hugo:	Aber Chantalle!
Chantalle:	Wer will schon die Kopie, wenn er das Original haben kann!
Bernd:	Lass uns in meine Fleischerei gehen. Ich dreh die Heizung ganz hoch, dann fühlst du dich, als würdest du selbst auf dem Rost liegen!
Chantalle:	Du bist ein Mann ganz nach meinem ... Geschmack!

Hugo rappelt sich hoch und springt wutentbrannt hinter ihr her.

Hugo: Wenn du jetzt gehst, Chantalle, dann mach ich dich fertig! Ich hab Fotos, die dich zeigen, wie du den Tanz der sieben blutigen Steaks tanzt! Und Nahaufnahmen von dir und der Blutwurst! Die mach ich alle im Internet publik! Ich ruiniere dich, hörst du! Und du, Bernd, bekommst verheerende Bewertungen auf Yelp, bis ans Ende deiner Tage!

Chantalle geht zurück zum Bett, und greift sich die beiden Grillspieße. Noch bevor Hugo einen Ton sagen kann, jagt sie ihm beide mitten durchs Herz. Er bricht sofort leblos zusammen.

Bernd: Schlachten kannst du auch! Ein richtig wildes Metzgersweib bist du!

Chantalle wirft sich Bernd um den öligen Hals.

Chantalle: Ich bin dir und deinen wundervoll dicken Würsten verfallen! Mach mir den Krakauer!

Bernd: Oh, Chantalle, lass uns Liebe machen, als würde der Grill nie ausgehen! Ich bin dein Metzger und du bist mein Bürgermeisterstück!

Chantalle: Hör nicht auf zu reden! Gib mir Fleischnamen!

Bernd: Du ungezogenes Ding, gleich hol ich den Schnitzelklopfer und versohl dir die Bäckchen!

Chantalle grunzt vorfreudig.
Der Vorhang schließt sich.
Doch der Duft von köstlich Gegrilltem bleibt noch lange im Saal.

SCHWARZ WIE KOHLE

von Ralf Kramp

 enn sein Chef wütend wurde, platzten ihm die Äderchen in den Augäpfeln. Wenn man nahe genug stand, konnte man ganz genau beobachten, wie es passierte.

»Verdammte Scheiße!«, brüllte Stöver und ballte die Fäuste. »Das kann ja wohl nicht wahr sein! Siebenundzwanzig Salatschüsseln stehen im Pavillon auf dem Büffet, ein Kubikmeter Fleisch, so teuer wie ein Seat Ibiza wartet in der Kühlung, um sieben stehen hier die ersten Leute auf der Matte, und du Evolutionsbremse traust dich wahrhaftig, mir ins Gesicht zu sagen, dass du keine Grillkohle besorgt hast? Ist dein Clownkostüm in der Reinigung, oder was? Zieh los und besorg mir Grillkohle, aber zacki zacki!«

Pit kaute auf der Unterlippe. Wie sollte er es denn so ausdrücken, dass sein Chef es endlich kapierte: Am Sonntag hatten die Geschäfte zu, an sämtlichen Tankstellen im Umkreis von hundert Kilometern waren wegen des Bombenwetters die Vorräte geplündert, und bei sich zuhause in der Gara-

TOMATENGELEE MIT GIN

ZUTATEN
FÜR 6 GLÄSER à 250 ml:
- 1,5 kg reife Strauchtomaten
- 125 ml Gin
- 500 g Gelierzucker 1:3
- 2 TL Salz
- Pfeffer und Chilipulver

ZUBEREITUNG:
Die Tomaten waschen, entstielen und in Viertel schneiden. Mit etwas Wasser die Tomaten aufsetzen und zum Kochen bringen. Die Herdplatte ausstellen und die Tomaten nachgaren lassen. Nach dem Abkühlen die Masse durch ein Sieb streichen. Das Tomatenpüree mit dem Gelierzucker aufsetzen, die Gewürze zugeben und sprudelnd kochen lassen, bis die Masse anzieht. Den Gin zugeben und das Gelee in Schraubgläser füllen und diese fest verschließen.

TOMATE MIT SCHUSS

ge hatte er nur noch einen ömmeligen Rest Billig-Grillkohle vom vorletzten Jahr. Vielleicht zwei Handvoll Holzkohlebrösel, deren Papiersack schon die Mäuse zerfressen hatten.

»Besorg mir auf der Stelle Kohle, du Knallbirne, sonst greift deine Zahnbürste morgen früh ins Leere!«

Schon wieder platzte ein Äderchen. Knallrot. So rot wie das Zeug in dem Schüsselchen, das die Frau seines Chefs auf dem Tablett hatte, die jetzt im Durchgang zum Wintergarten auftauchte.

»Aber nicht wieder so ein Dreckszeug wie vor vier Wochen!«, keifte sie. Sie war bereits für den festlichen Anlass in einen bauchfreien Hosenanzug mit Regenbogenpailletten gekleidet. »Heute kommen die voll wichtigen Gäste, und die kriegen Schweinenacken vom Ibérico und Kalbskarree und so Zeug, und da muss Eins A Kohle auf den Grill. Letztes Mal hat alles gequalmt wie Sau, und das ganze Zeug war entweder nicht durch oder angebrannt!«

Dass das wohl kaum an der Kohle, sondern eher an den mangelnden Grillkünsten seines Chefs gelegen hatte, traute sich Pit nicht zu sagen. Er traute sich auch nicht zu erwähnen, dass er eigentlich seit vorgestern zwei Wochen Urlaub hatte.

Stövers Hand fuhr nach vorne, packte den Halsausschnitt von Pits T-Shirt und zog ihn mit einem kräftigen Ruck ganz nahe zu sich heran.

Jetzt sah Pit die Äderchen so deutlich wie noch nie. Er glaubte sogar hören zu können, wie sie platzten. Es sah aus wie ein Silvesterfeuerwerk. »Hör mir gut zu, du Gulaschfresse«, raunte der Chef drohend. »In spätestens anderthalb Stunden habe ich hier drei Sack Super-Deluxe-Grillkohle, sonst mache ich dich fertig. So richtig fertig. Dann bist du gefeuert und du fliegst aus der Wohnung!«

Mit Pits Chef war nicht zu spaßen, das wusste jeder. Die Dachdeckerfirma war nur ein Deckmäntelchen, unter dessen Schutz die absonderlichsten Geschäfte abgewickelt wurden. Es ging immer um allerlei Dinge, die keiner sehen, um Leute, die keiner kennen und um viel Geld, von dem keiner wissen durfte.

* * *

Zuerst fuhr Pit eine halbe Stunde ziellos durch die Gegend, dann fiel ihm sein Kumpel Knorke ein. Der war seine letzte Rettung. Knorke wusste immer was. Knorke saß gerade auf der vergammelten Terrasse seines heruntergekommenen Hauses am Stadtrand und grillte. So wie offenbar die gesamte Menschheit an diesem Tag. Und er verkokelte dabei ein Billigkotelett, bei dem man weder von

GEFÜLLTE KARTOFFELN

ZUTATEN
FÜR 8 PERSONEN:

- 8 große Kartoffeln
- 2 EL Butter oder Sauerrahm
- 1 Zwiebel
- 200 g gewürfelter Schinkenspeck (optional)
- 2 EL gehackte Kräuter
- Salz, Pfeffer
- 150 g geriebener Gouda oder Edamer
- Öl

Für die Dekoration

- Bacon-Scheiben
- gehackte Petersilie

der Optik noch vom Geruch her erkennen konnte, ob er vorher die Folie entfernt hatte. »Tut mir leid, Pit, das da war meine letzte Grillkohle.«

Man konnte nicht sagen, ob er das auf oder unter dem Rost meinte.

»Verdammt, Knorke, ich brauch was, was brennt.«

»Dahinten liegen noch'n paar olle Paletten.« Knorkes Garten war so etwas wie ein Baustofflager. »Das Zeug muss schwarz sein. Schwarz wie Kohle.«

»Oder nimmste dir'n paar von den Reifen da vorne. Das gibt auch ordentlich Qualm.«

»Reifen, Quatsch. Merkt man doch gleich.«

In diesem Moment blieb Pits Blick an einem großen, halb zugewucherten Stapel am Rand des Grundstücks hängen. »Was ist denn das da?«

ZUBEREITUNG:

Die Kartoffeln als Pellkartoffeln kochen und noch warm längs durchschneiden. Die Zwiebel fein hacken und in etwas Öl anbraten. Den Schinkenspeck dazugeben und kurz mit anbraten.

Die Kartoffelhälften mit einem Löffel aushöhlen, dabei noch ein wenig Rand stehen lassen. Das Kartoffelmark mit der Butter stampfen und mit den Zwiebeln, den Kräutern, einem Großteil des Käses und dem Schinkenspeckwürfeln zu einer feinen Masse verkneten. Die Masse in die Kartoffelhälften einfüllen, mit dem restlichen Käse überstreuen und die Kartoffelhälften in mit etwas Öl bestrichene Grillschalen setzen.

Mit Bacon-Streifen und etwas gehackter Petersilie dekorieren. Gut 20 Minuten auf dem Grill erhitzen, sodass der aufgestreute Käse schmilzt.

Knorkes schläfriger Blick brauchte eine Weile, bis er das fand, was Pits Interesse geweckt hatte. »Das da hinten? Eisenbahnschwellen.« Er trank seine Bierflasche leer. »Hab ich mal für einen entsorgt, der nen alten Bahnhof gekauft hat. Hat der sich richtig was kosten lassen.«

»Entsorgt?«

»Ja, ich begrab die irgendwann mal.«

Pit besah sich den Haufen aus der Nähe. Es handelte sich um etwa ein Dutzend gewaltiger, dicker Bohlen, die etwa zweieinhalb Meter lang waren. »Ist das Holz? Die Dinger sind ja total dunkel, fast schwarz.«

»Das *war* mal Holz. Kernige deutsche Eiche. Aber das Zeug, mit dem die getränkt worden sind, ist so was wie ne wilde Mischung aus Glyphosat, Atommüll und Agent Orange. Und so schwarz sind die, weil die imprägniert sind bis in die letzten Poren, und weil da hundert Jahre lang fiese, dreckige, verölte Güterzüge drübergerattert sind.«

»Ob die wohl brennen?«

»Glaub schon. Irgendwas von dem ganzen Dreckszeug da drin wird schon Feuer fangen. In jedem Splitter davon findest du die ganze Gefahrguttabelle rauf und runter.« Knorke stellte sich in Positur und strullerte in die Brennnesseln. »Kannste alle haben.«

»Einer reicht«, murmelte Pit, und in seinem Kopf arbeitete es. »Und deine Flex bräuchte ich mal.«

Knorke guckte zum Grill hinüber. »Ich glaub, die brauch ich erst noch mal kurz für mein Kotelett.«

* * *

Pits Stimme zitterte nur ganz leicht, als er seinem Chef erklärte, was er ihm da in einem alten Kartoffelsack überreichte. »Das ist Spezial-Grillkohle. Also echt spezielle Spezial-Grillkohle.«

Stöver hielt einen der grob zurechtgesägten Würfel in der Hand und schnupperte daran. »Das riecht voll Scheiße, das Zeug.«

Pit hatte am ersten Drittel der Eisenbahnschwelle ganze vier Flexscheiben runtergeorgelt.

»Ist von meinem Vetter, der importiert das aus ... Malaysia.« Es war der erste exotische Name, der ihm durch den Kopf schoss.

»Hm, und das soll Holzkohle sein? Aus Malaysia?«

»Mörderteuer und total exklusiv. Vom Aprikosenbrotbaum.«

»Aprikosenbrotbaum?«, quiekte Stövers Frau. »Hab ich noch nie von gehört.«

Ihr Mann fuhr herum und blaffte sie an: »Als ob du überhaupt schon mal irgendwas gehört hättest!« Dann wandte er sich wieder an Pit und kniff drohend die Augen zusammen. »Pass auf, du Hohlbrot, da draußen am Grill steht ein Leihkoch, der kriegt zweihundert Ocken die Stunde, und der spielt jetzt schon seit fünf Uhr Taschenbillard, weil er nix zu tun hat. Wenn ich dem das Zeug bringe, und wenn der damit klarkommt, dann kann es sein, dass ich dir nicht die Nase breche, kapiert?«

Das kapierte Pit mühelos. Er kapierte aber auch, dass sich das mit der gebrochenen Nase wohl über kurz oder lang trotzdem nicht vermeiden lassen würde.

Während Stöver mit dem Sack davonstapfte, wartete Pit auf der Fußmatte. Stövers Frau fummelte derweil an ihrem Paillettenkostüm herum, kaute Kaugummi und betrachtete ihn dabei eingehend – mit angewidertem Gesichtsausdruck. »Du bist nicht nur blöd wie ein Klappspaten, du siehst auch noch aus wie ein Stück Napfsülze.« Er wusste nicht, was er darauf erwidern sollte. Im Hintergrund waren Gelächter und Partymusik zu hören. Es erschien Pit wie eine Ewigkeit, bis Stöver zurückkam.

»Der Grilltyp sagt, mit Kohle vom malaiischen Aprikosenbrotbaum hätte er schon oft gearbeitet. Die wär Premium. Der heizt jetzt den Grill an, und dann wandern da die sechs Wochen gereiften Porterhouse Steaks auf den Rost. Hier ...« Er pflückte einen Hunderter aus der Brusttasche seines weißen Hemds. »Noch zwei Sack, dann läuft die Sache.«

AUFGEKNÜPFT UND ABGEHANGEN

DRY AGED STEAK MIT GREMOLATA ODER STEAK-BUTTER

ZUTATEN FÜR 4 PERSONEN:
- 2 trocken gereifte Rindfleischsteaks (T-Bone- oder Rib-Eye-Cut)
- Meersalz
- schwarzer Pfeffer aus der Mühle
- Öl

Für die Gremolata
- 1 Bund glatte Petersilie
- Abrieb von 1/2 Bio-Zitrone
- 1 Knoblauchzehe
- 1 Prise Salz

Für die Steak-Butter
- 3 EL Butter
- 2 Knoblauchzehen
- 1 Zweig Rosmarin

ZUBEREITUNG:

Für die Gremolata Petersilie waschen, trocken tupfen und fein hacken. Zitrone ebenfalls waschen, trocken tupfen und die Schale abreiben. Knoblauch enthäuten und fein hacken. Petersilie, Knoblauch, Zitronenabrieb und Salz miteinander vermischen. Die Gremolata bis zum Grillen beiseitestellen.

Die Steaks etwa zwei Stunden vor dem Grillen aus dem Kühlschrank nehmen und kurz vor dem Auflegen mit etwas Öl bepinseln.

Die Fleischstücke von beiden Seiten auf dem Holzkohlegrill kräftig angrillen, bis sich eine leichte Kruste zeigt. In der indirekten Hitzezone am Rand die Steaks dann weitergaren.

Da Dry Aged Beef aufgrund seiner Trockenreifung entsprechend zart und empfindlich ist und je nach Cut und Dicke unterschiedlich viel Zeit zum Garen braucht, sollten Sie beim Grillen mit einem Fleischthermometer arbeiten.

Die Steaks auf die gewünschte Kerntemperatur (rare 42-45°C, medium rare 53-56°C, medium 57-59°C, well done 60-63°C) bringen. Um diese zu überprüfen ein Fleischthermometer seitlich zur Mitte in eines der Steaks einführen.

Anschließend die Dry Aged Steaks vom Grill nehmen und gut 5 Minuten ruhen lassen. Mit Salz und grobem Pfeffer würzen und mit Gremolata oder Steak-Butter servieren.

Die Steak-Butter wird wie folgt zubereitet: In einem feuerfesten Pfännchen die Butter auf dem Grill schmelzen. Die Knoblauchzehen schälen, halbieren und zur Butter geben, ebenso den Rosmarin-Zweig. Kurz ziehen lassen und die Steaks damit auf dem Teller übergießen.

Pits Puls hämmerte wie ein Eisenbahnwaggon, der über die Schienen donnert, als er zum Auto zurückging. Knorke würde inzwischen den Rest der Schwelle kleingemacht haben, wenn er zurückkam. Es musste jetzt alles schnell gehen, bevor das erste Stück Fleisch in Kontakt mit der Sondermüllkohle kam.

* * *

Nach Hause traute sich Pit am Abend dann erstmal nicht. Stöver wusste immerhin, wo er wohnte. Stattdessen lud er Knorke in die Bahnhofskneipe ein, wo sie den Hunderter versoffen. Gegen ein Uhr in der Nacht wurden sie rausgeschmissen und torkelten in unterschiedliche Richtungen davon.

Er wusste nicht, wo er hinsollte. Zwar war da die schwache Hoffnung, dass Stöver und seine Gäste inzwischen auf der Intensivstation lagen und ihm erst mal nichts antun konnten, aber ein paar Tage lang musste er auf jeden Fall zur Sicherheit untertauchen. Vielleicht bei seiner Tante in Frankfurt.

Links von ihm rauschte der letzte Zug vorbei.

Zuerst merkte Pit nicht, dass Stövers Lamborghini im Schritttempo rechts neben ihm herfuhr. Erst als an der nächsten Kreuzung plötzlich zwei starke Hände von hinten nach ihm griffen, ahnte er, was nun geschehen würde.

Hoffentlich würde es schnell gehen, und hoffentlich würden ein paar Knochen heil bleiben.

»Der Typ ist zu blöd eine Banane aufzumachen, hab ich immer gedacht, dessen Blutgruppe ist Nutella«, knurrte Stöver ihm ins Ohr. »Aber Mannomann, du bist ja doch cleverer, als du aussiehst.«

Pit glaubte zuerst, es läge am vielen Bier oder am schwachen Licht der Straßenlaternen. War das etwa ein Grinsen auf dem Gesicht seines Chefs? Keine Äderchen, die in seinen Augen platzten, kein Zähnefletschen ...

»Wieso, was ist denn?«, presste er hervor.

»Der Leihkoch hat auf deiner malaiischen Aprikosenbrotbaumholzkohle gegrillt! Keiner von den Leuten, die heute auf meiner Party waren, hat das schon mal gemacht. Aber alle – ich betone: alle! – haben schon mal davon gehört. Und ich kann dir sagen, das Aprikosenzeug war der absolute Bringer. Das Fleisch, die gefüllten Kartoffeln ... so ein dermaßen endgeiles Raucharoma haben die noch nie im Mund gehabt!«

»Hat also geschmeckt?«, fragte Pit tonlos.

»Geschmeckt?« Stöver lachte laut durch die Nacht. »Ich brauche morgen noch zehn Säcke von dem Stoff!«

* * *

Es war harte, schweißtreibende Arbeit. Anderthalb steinharte, hundertjährige Eisenbahnschwellen zu zerstückeln war wahrhaftig kein Nonnenhockey. Stöver betrachtete prüfend die Säcke, die er mit Knorkes Anhänger herangekarrt hatte. »Kann das sein, dass die gestern voller waren?«

»Das täuscht«, sagte Pit.

»Bescheiß mich bloß nicht«, knurrte Stöver und öffnete einen der Säcke. Der Gestank von allen Giftstoffen der westlichen chemischen Industrie besänftigte ihn sofort. »Boah, ja, Aprikosenbrotbaum, riecht man.« Es klang regelrecht genüsslich.

Er holte zwei Hunderter aus dem Portemonnaie. Pit wollte sich beschweren, aber sein Chef senkte vorsorglich lauernd die Augenlider und knurrte: »Mengenrabatt, ist ja wohl klar.«

Melanie Stöver eierte auf ihren Plateausohlen auf sie zu. »Da kommt ja das schwarze Gold«, flötete sie. »Auf den Jungen ist Verlass, hab ich immer gesagt. Mein Männe sagt zwar immer, du wärst so doof wie ein Wollpulli, aber ich wusste gleich, dass du was drauf hast.«

»Grillt ihr denn schon wieder?«, fragte Pit.

»Quatsch. Sechs Säcke davon kauft der Leihkoch.« Stöver tippte auf seinem Handy herum und murmelte dabei »Kohle ... ist ... hier ... bring ... Geld ... mit.«

Pit ahnte in diesem Moment, dass er in der Verwertungskette das schlechteste Geschäft machte.

* * *

LEBLOSE LINSEN

SOMMERLICHER LINSENSALAT

ZUTATEN
FÜR 4 PERSONEN:
- 500 g braune Linsen
- 1 fein gehackte Zwiebel
- 2 gepresste Knoblauchzehen
- 1 EL Öl
- 125 ml Rot- oder Weißwein
- 500 ml Wasser
- 1 TL Salz

Für die Vinaigrette
- 6 EL Himbeer-Essig
- 12 EL Öl
- 2 TL Honig
- Salz, Pfeffer
- frische Kräuter

ZUBEREITUNG:
Knoblauch und Zwiebel in Öl anschwitzen. Linsen zugeben. Mit Wein und Salzwasser angießen. Die Linsen garen, dann abseihen und mit etwas Kochwasser in die zusammengerührte Vinaigrette geben. Fein gehackte Kräuter zugeben.

Den Linsensalat warm oder kalt mit Erdbeer- und Mozzarella-Scheiben auf einem grünen Salatbett anrichten.

TIPP

Zwei Tage später klingelte es an Pits Wohnungstür. Er guckte gerade eine Sendung über Sibirien.

Ein Blick durch den Türspion präsentierte ihm das gerötete Gesicht seines Chefs. Wo war das glückliche Grinsen? Warum hatte er die Hände hinter dem Rücken? Eine Rohrzange? Eine Wumme?

Langsam öffnete er die Tür einen Spalt, aber im selben Augenblick wurde sie kraftvoll aufgestoßen, sodass die Klinke gegen die Garderobe knallte.

Stöver stapfte schnaufend ins Wohnzimmer. »Wir haben ein Problem«, raunzte er. »Ein Riesenproblem!«

Pits Blick fiel auf den Fernsehbildschirm. Sibirien war schön weit weg. Da würde ihn keiner finden.

»Der Leihkoch war gestern bei Koopmann.«

»Bei *dem* Koopmann?«

Stöver nickte. »Riesen-Gartenparty, mit Koks, Nutten, Lebendbüffet und allem.«

»Da hat der gerillt? Mit meiner Kohle?« Pits Nackenhaare sträubten sich. Henk Koopmann war die berühmteste Unterweltgröße des ganzen Landkreises. Kein krummes Ding, wo Koopmann nicht seine Finger drin hatte, kein Geschäft, an dem Koopmann nicht mitverdiente.

»Dein Malaysiazeug schlägt ein wie eine Bombe. Die Leute stehen total auf den Geschmack!« Stöver starrte ihn an. Ein Äderchen platzte. Noch eins. »Koopmann will vierzig Sack. Sofort.«

Pits Magen implodierte, und sein Puls verdreifachte ansatzlos die Schlagzahl. »Nee, geht nicht, Chef, ehrlich.«

Stöver packte ihn wütend am Kragen und schüttelte ihn. »Vierzig Sack von deinen Briketts, du Quarkschädel, sonst ziehen die mir die Zehennägel!«

Pit war der Meinung, dass das zur Abwechslung zwar mal was anderes war, dass sich allerding dadurch für ihn die Situation keinesfalls verbesserte.

»Aber so viel ... so viel ...« Er versuchte, zu überschlagen, wie viele Säcke er in der knappen Zeit zusammenkriegen konnte, aber wenn man ihm die Luft abschnürte, klappte das nie so richtig mit den Grundrechenarten.

»Dein Vetter!«, blaffte Stöver. »Gib mir die Nummer von deinem Vetter, du Quetschgeburt! Ich regele das direkt mit ihm!«

»Okay, dreißig Sack!«, stieß Pit hervor. »Dreißig kann ich besorgen.«

»He, wenn du dreißig Sack kriegst, kriegst du auch vierzig!«

»Chef, das Zeug ist voll kostbar und selten!«

»Ich weiß! Ich weiß das, verdammt! Vierzig Sack!«

»Okay«, röchelte Pit. »Vierzig! Vierzig Sack, geht klar!«

* * *

Er schaffte es tatsächlich vierzig Säcke zu befüllen. Das waren sieben komplette Eisenbahnschwellen. Knorke und sein Bruder Katsche halfen mit. Der Stundenlohn war erbärmlich. Knorke tröstete sich damit, dass ihm wenigstens schon vor Jahren irgendein Blödmann die Entsorgung teuer bezahlt hatte.

Als sie fertig waren, lagen nur noch drei Schwellen zwischen den Brennesseln auf Knorkes Grundstück.

Knorke hob ein paar Brocken vom Boden auf, die beim Einsacken danebengefallen waren. »Ich glaube, ich probier das Zeug auch mal aus«, sagte er nachdenklich.

Pit legte ihm hastig die Hand auf den Arm. »Bloß nicht!«

Als er wenig später mit Katsches großem Hänger in der Abenddämmerung bei Stöver vorfuhr, war er buchstäblich am Ende seiner Kräfte. Stöver leuchtete ihm mit der Handytaschenlampe ins Gesicht. »Sag mal, wie scheiße siehst du denn aus? Wenn ich dich angucke, feiert ja mein Frühstück Comeback.«

»Vierzig Sack, wie bestellt, Chef.«

Stöver nickte ernst. »Da wird Koopmann zufrieden sein.«

Pit seufzte ergeben.

Er glaubte zwar nicht, dass er es schaffen würde, die Säcke abzuladen, aber er legte trotzdem los. Stöver und seine Frau sahen ihm dabei zu. Stöver trank ein Bier, seine Melanie feilte sich die Nägel.

Irgendwo in der Nachbarschaft wurde gegrillt.

✦ ✦ ✦

Pit stieg in den Zug. Er würde einen Zwischenstopp in München machen, danach über die Alpen nach Italien abhauen. Dort würde er dann eine Weile für die Weiterreise arbeiten. Vielleicht aufs Schiff nach Afrika, vielleicht in den Flieger nach Australien … Hauptsache weg.

Bis zuletzt starrte er immer wieder nervös hinaus auf den Bahnsteig. Bei Stöver musste man mit allem rechnen. Und schließlich fuhr der Zug an, und wenige Minuten später gab Pit sich ganz dem sanften Ruckeln und dem gedämpften Rattern des Fahrwerks hin, das über die Schienen rollte. In seinem Portemonnaie steckten ein Fünfziger und ein bisschen Münzgeld. Katsche hatte ihm nicht gerade einen Freundschafspreis beim Anhänger gemacht. Hundertfünfzig für zwei Stunden – fair war anders.

Er spürte, wie die Erschöpfung der vergangenen Tage die Oberhand gewann, und langsam sanken seine Augenlider nach unten.

Es dauerte nicht lange, bis eine Lautsprecherstimme einen kurzen Halt im nächsten Ort ankündigte und das Rattern langsam verebbte. Mit einem Ruck kam der Zug zum Stehen, und als Pit die Augen öffnete, sah er als Erstes ein erhitztes Gesicht ganz nah vor sich. Ein Äderchen platzte in einem der Augäpfel. Da, noch eins. Und noch eins.

»Das hast du dir so gedacht, du Sacknase!« Stöver zückte ein Messer. Keiner der anderen Fahrgäste schien das zu bemerken. »Mit welchem Ohr telefonierst du?«

Pit musste einen Moment lang überlegen und deutete dann zaghaft auf sein linkes.

»Okay«, knurrte Stöver. »Dann schneide ich dir zuerst mal das rechte ab. Und wenn du dann brav tust, was ich sage, lasse ich dein Telefonierohr vielleicht dran!«

»Und was wäre das?«, wisperte Pit angstvoll.

»Du steigst mit mir aus und besorgst fünfzig Sack von deiner verdammten Malaysia-Aprikosenbrotbaum-Kohlen-Scheiße! Der Polizeichef feiert sein vierzigjähriges Dienstjubiläum und macht nächstes Wochenende ein bombastisches Barbecue für dreihundert Leute. Und er hat angeordnet, dass nichts anderes in den Grill darf als deine verdammte Malaysia-Aprikosenbrotbaum-Kohlen-Scheiße! Und jetzt rate mal, was nirgendwo – aber auch wirklich nirgendwo, sage ich dir! – zu kriegen ist?«

»Meine verdammte Malaysia-Aprikosenbrotbaum-Kohlen-Scheiße?«

Statt einer Antwort platzte in Stövers linkem Auge eine besonders große Ader.

Es war nicht wie bei Suppe, die man mit Wasser verdreifachen konnte, oder wie mit dem Kokain, das man mit Speisestärke streckte. Drei Eisenbahnschwellen blieben drei Eisenbahnschwellen, so lange Pit und Knorke auch davor standen und sie anstarrten. Es blieben ihnen vier Tage, und es gab einfach keine Lösung. Pit war demnächst definitiv seine beiden Ohren los. Stöver hatte erst mal nur eins ein bisschen angeritzt, um seiner Drohung Nachdruck zu verleihen.

Sie tranken billiges Zeug. Pit hatte dem Mann im Kiosk den Fünfziger hingelegt und das Billigste und Härteste verlangt, was dafür zu kriegen war. Zwei Flaschen hatten sie schon geleert. Sie sahen schon alles doppelt, da waren es schon mal sechs Schwellen. Reichte aber immer noch nicht.

Es hämmerte in Pits Kopf, es pochte, es ratterte in einem finsteren Rhythmus. Und es war ihm, als säße er in einem Zug und würde über die Eisenbahnschwellen hinwegrollen.

»Du, Knorke«, murmelte er plötzlich. »Hast du auch große Schraubenschlüssel?«

»Dreizehner, Sechzehner, sowas?«

»Größer, viel größer.« Er wandte sich zu seinem Freund und riss dramatisch die Augen auf. »Viel, viel, viel größer!«

* * *

Es war ein Glück gewesen, dass auf der Bahnstrecke keine Nachtzüge fuhren. Geschlagene vier Stunden hatten sie gebraucht, um sechs Schwellen aus dem Gleisbett zu holen. Und dann hatten sie rund um die Uhr geflext, was das Zeug hielt. Nur sechs Stück, gerade so viel wie sie benötigten.

Mit neun zerkleinerten Schwellen konnte der Polizeichef am Wochenende seine Gäste begrillen, bis ihnen die Spare-Ribs und Kalbskarrees und der leckere Linsensalat an den Ohren rauskamen.

Als Pit schließlich am Wochenende an Stövers Haus vorfuhr, wollte der Radiomoderator gerade schon wieder mit dem Bahnunglück loslegen. Seit Tagen gab es kein anderes Thema. Sobald die Sprache darauf kam, wechselte Pit den Sender. Das musste er oft sechs Mal in der halben Stunde tun. Den Fernseher schaltete er immer gleich ab, wenn die Bilder von der geschrotteten Lokomotive kamen. Ein Güterzug mit elf Waggons war aus den Schienen gesprungen, gleich da am Bahnübergang, wo Pit und Knorke gearbeitet hatten. Der Lokführer war unverletzt geblieben, so hatte Pit mitgekriegt. Immerhin.

Was war das bloß für eine scheiß Eisenbahnstrecke, wenn gleich die Katastrophe ausbrach, nur weil gerade mal sechs von zigtausend Eisenbahnschwellen weg waren?

SAURER SENSENMANN

RHABARBERSCHORLE

ZUTATEN
FÜR 2-3 KLEINE FLASCHEN SIRUP:
- 2 kg rotstieliger Rhabarber (z.B. Sorte Holsteiner Blut)
- 500 g Zucker
- Saft von 1 Zitrone
- Vanillezucker nach Geschmack

ZUBEREITUNG:
Den Rhabarber putzen und in Stücke schneiden.
In 2 Litern Wasser gut weichkochen lassen,
dann durch eine flotte Lotte passieren oder durch ein Sieb streichen
und den Saft dabei auffangen.
Den Saft mit dem Zucker, dem Zitronensaft und etwas Vanille eine gute halbe Stunde einreduzieren lassen und noch heiß in sterile Flaschen füllen. Verschließen und an einem kühlen Ort aufheben und innerhalb von wenigen Wochen verbrauchen.
Für eine erfrischende Schorle, den Sirup im Verhältnis 1:7 mit Mineralwasser auffüllen.

Pit stieg aus und trottete auf Stövers Haus zu. Während der letzten Tage hatte er beim Flexen unentwegt darüber nachgedacht, dass das jetzt immer so weitergehen würde. Stöver hatte ihn für immer und ewig am Arsch. Er würde immer mehr haben wollen, selbst wenn es demnächst wieder tonnenweise Grillkohle geben würde.

Als er den Klingelknopf gedrückt hatte und wartete, wandte er sich noch einmal um und sah zum Auto hinüber und zu Katsches Anhänger, der vor Säcken überquoll.

Und wenn er Stöver jetzt einfach die Wahrheit sagte? Wenn er ihm sagte, dass in seinem Grill Fungi-, Herbi- und was noch für -zide vor sich hinschmurgelten, dass seine Dry Aged Steaks geteert und imprägniert waren, wenn der Pesthauch erst mal durch sie durchgezogen war. Dass er mit seinen Kalbskarrees die Garagenzufahrt asphaltieren konnte. Er würde sterben, aber dann wäre es wenigstens vorbei.

Hinter ihm öffnete sich die Tür, und er nahm all seinen Mut zusammen. Mit einem Ruck drehte er sich um. »Also es ist so …«

Aber vor ihm stand nicht sein Chef. Pit blickte stattdessen in das verheulte Gesicht von Melanie Stöver. Ihre Haare waren strähnig, ihre Haut fleckig. Ihre Wimperntusche war alles andere als wasserfest. Melanie Stövers Gesicht sah aus wie ein Kleckstest beim Psychiater.

»Was willst du Flachzange denn noch?«, schniefte sie.

Er deutete zaghaft zu dem Hänger hinüber. »Na ja, ich hätte da die Kohle für den Chef«, sagte er unsicher.

Melanies Kiefer klappte runter, und ihre Unterlippe zitterte. »Ich fasse es nicht. Ich fasse es einfach nicht! Die Kohle für den Chef?« Sie atmete schwer, und dann schossen ihr die Tränen in die Augen, und sie schrie: »Der Chef braucht keine Kohle mehr! Nie wieder!«

Erst jetzt registrierte er, dass sie einen schwarzen Hosenanzug trug. »Dem Chef ist vor vier Tagen an der Bahnschranke mit Karacho eine fette Lokomotive auf den Lamborghini gekippt!«

KLING, MESSERCHEN, KLINGELINGELING

von Carsten Sebastian Henn

1. Dezember

Dieses Jahr schenken wir uns aber nichts, Frank«, sagte Bettina und sah ihm tief in die Augen. Frank wurde eigentlich von allen Fränkie genannt. Bettina von allen Bettina. Sie waren seit sieben Jahren verheiratet. Die meisten Jahre davon glücklich.

»Nein«, erwiderte dieser und lächelte sie an. »Deine Liebe ist mir Geschenk genug, weißt du ja.«

Nach Bettinas Meinung lächelte er deutlich zu neckisch. »Ich meine das ernst!«

PAPRIKA-SCHMAND-DIP

ZUTATEN FÜR 4 PERSONEN:
- 250 g Quark
- 200 g Frischkäse
- 150 g Butter
- 2 TL Paprikapulver edelsüß
- 1 fein gehackte Zwiebel
- wahlweise 2 TL Senf oder frische Kräuter
- Salz, Pfeffer

ZUBEREITUNG:
Die Zutaten in einer großen Schüssel verrühren. Die Masse in kleine dekorative Dipschalen füllen und mit etwas Paprikapulver bestreut anrichten.

»Ich ja auch.«

»Nicht wie die letzten Jahre, wo du dann plötzlich doch eine Kleinigkeit für mich hattest.«

»Du hattest ja auch was für mich. Wie dieses teure Rasier…«

»Ich weiß. Aber dieses Jahr lassen wir es wirklich bleiben. Sonst bin ich stinkesauer am Heiligabend. Das schwöre ich dir!«

Frank gab ihr einen Kuss auf die Wange. »Versprochen.«

Sie blickte hinter seinen Rücken. »Hast du die Finger gekreuzt?«

»Würde ich nie machen!«

»Frank!«

»Nein.« Und während er das sagte, kreuzte er sie zum zweiten Mal.

2. Dezember

Frank wusste, dass die Kunst darin bestand, subtile Zeichen zu senden. Bettina musste denken, dass sie selbst auf die Idee für sein Weihnachtsgeschenk gekommen war.

Als sie an diesem Abend vor dem Fernseher saßen und den Tatort aus Holzminden guckten, griff er deshalb wie zufällig zu einem Grillmagazin, das er in der Mittagspause am Bahnhofskiosk gekauft hatte.

Wo er es eine Woche zuvor extra bestellt hatte.

Obwohl Frank genau wusste, zu welcher Seite er blättern musste, tat er es langsam, fast beiläufig.

»Hm«, murmelte er erfreut, aber leise. Bettina zeigte keine Reaktion. Vielleicht auch, weil auf dem Bildschirm gerade eine Patrone abgefeuert wurde und ihre letzte Ruhestätte in der Stirn einer Kellnerin fand.

Da war es: das Damastmesser-Set, sechsteilig. Jede Klinge aus 67 Lagen Stahl, wunderschön gemastert, geschmiedet in Yangjiang, der chinesischen »Hauptstadt der Messer«. Die Griffe waren aus australischem Wüsteneisenholz, einem der härtesten Hölzer der Welt! Alles mit passendem, magnetischem Messerblock.

Frank murmelte »Damastmesser«.

Bettina reagierte wieder nicht.

»67 Lagen Stahl.«

Sie räusperte sich.

»Yangijang.« (Frank war sich allerdings nicht sicher, ob er es korrekt gemurmelt hatte).

Bettina stellte den Ton lauter.

»Wüsteneisenholz« murmelte Frank. Er dachte zumindest, dass er es murmelte, aber er hatte die Grenze zur Verständlichkeit deutlich überschritten.

»Was ist denn bloß los mit dir?«, fragte Bettina und schaltete erbost den Fernseher stumm.

»Was meinst du?«, fragte Frank unschuldig.

»Du murmelst beim Lesen. Machst du sonst nie.«

»Ist mir gar nicht aufgefallen.«

»Wie kann dir das nicht auffallen?«

»Ist mir halt nicht aufgefallen. Entschuldige, wenn ich dich gestört habe.«

»Willst du den Tatort denn nicht gucken?«

»Doch, doch.«

»Dann leg das blöde Magazin weg.«

»Ich lese nur schnell den Artikel zu Ende, guck du ruhig weiter. Ich weiß sowieso schon, wer der Mörder ist. Der Typ mit dem Glasauge.«

»Ne, es war bestimmt die Ehefrau.«

»Als könnte eine Ehefrau einen so netten Mann umbringen.« Er zwinkerte ihr zu.

Bettina zwinkerte nicht zurück. Sie war genervt. Da zwinkerte sie nicht. Da stöhnte sie nur genervt.

Frank legte das Grillmagazin weg.

Verdammt, so klappte es nicht. Und nur noch 22 Tage bis Heiligabend.

5. Dezember

Es hatte etwas Planung und Vorbereitung gebraucht, aber das alles würde sich lohnen.

Frank stand an seinem Gasgrill, während die ersten Schneeflocken fielen. Kälteeinbruch. War so nicht geplant, aber jetzt würde er es durchziehen.

»Bin gleich fertig, Hase«, rief er ins Esszimmer.

SÜDSEE-SÜNDE

PUTENSCHNITZEL HAWAII

ZUTATEN FÜR 4 PERSONEN:
- 4 Putenschnitzel à 150 g
- 4 Scheiben gekochter Schinken
- 4 Scheiben Dosen-Ananas
- 4 EL geriebener Emmentaler
- 4 Cocktail-Kirschen oder -Tomaten
- Salz, Pfeffer

ZUBEREITUNG:

Die Schnitzel trockentupfen, salzen und pfeffern. Auf dem etwas mit Öl eingepinselten Grillrost von beiden Seiten kurz bei großer Hitze angrillen und dann zur Seite in die indirekte Hitze des Holzkohlegrills ziehen. Jedes Schnitzel mit einer Scheibe gekochtem Schinken und einer Ananas-Scheibe versehen und einen Esslöffel geriebenen Käse darauf geben. Weitere 10 Minuten grillen, bis der Käse verlaufen ist. Hilfreich ist das Platzieren auf einer Grillschale, damit krümelnder Käse nicht in die Glut fällt. Mit einer Cocktail-Kirsche oder -Tomate dekorieren und servieren.

Mit dem Kosenamen war er sparsam, damit er sich nicht abnutzte. Aber heute brauchte er dieses Geschütz.

»Ich hab Hunger«, kam es von Bettina. »Dauert das noch lang?«

»Gleich fertig.«

»Du kannst ja schon mal was von dem Paprika-Schmand-Dip mit dem selbstgebackenen Brot essen.«

Bettina lachte auf. »Der ist schon leer.«

»War lecker, oder?«

»Ja, aber jetzt hätte ich schon gern ... was auch immer es gibt. Du machst ja so ein Geheimnis darum.«

»Lass dich überraschen, Hase!«

Zweimal Hase an einem Abend. Das machte er sonst nur am Valentinstag.

»Ich bin gleich überraschend schlecht gelaunt, wenn ich nicht bald etwas Richtiges auf den Tisch bekomme.«

Das Putenfleisch sollte schön Röststreifen in Gitterform erhalten, aber innen bloß nicht zu trocken werden. »Es kann sich nur noch um Stunden handeln!«, flachste er.

»Nicht lustig«, kam es zurück.

»So ... jetzt bin ich so weit!« Er richtete das prachtvolle Stück mit einer saftigen Ananasscheibe an. Als er es Bettina servierte, trug er wie ein Kellner aus alten Filmen ein weißes Leinentuch über dem anderen Arm.

»Pute à la Hawaii, weil du die so liebst.« Er holte sich auch einen Teller.

Bettina betrachtete das Fleisch skeptisch. »Das ist aber ganz schön dick.«

»Ja, ich weiß. Hab es einfach nicht besser geschnitten bekommen. Dafür bräuchte man ein Damastmesser. Am besten gleich ein paar, in unterschiedlichen Größen, aber die kosten halt.«

Bettina aß ein Stück. »Ist aber trotzdem sehr gut geworden.«

»Naja, hätte halt noch besser werden können.«

»Egal, der Hunger treibt's rein.« Sie grinste.

»Also ich finde es schade, um das gute Fleisch.«

»Ist schön saftig innen. Du brauchst keine teuren Messer, du schaffst das auch so.«

»So würde ich das jetzt nicht …«

»Bist ja mittlerweile ein richtiger Profi-Griller geworden.«

»Naja Profi-Griller haben halt andere Messer.«

»Jetzt mach dich nicht klein! Das ist super. Und eigentlich finde ich es besser, dass es so ein dickes Stück ist. Hätte ich jetzt gerne immer so.«

10. Dezember

Frank hatte es nicht mehr unter Kontrolle, wie sich an diesem Morgen zeigte. Er nahm die Fleischwurst in die Hand.

»Die könnte man eigentlich auch mal grillen. Müsste man natürlich in die richtige Form schneiden. Also mit dem entsprechenden Mess…«

Bettina schlug mit beiden Fäusten auf den Tisch, sodass sämtliches Geschirr einen Sprung in die Luft machte.

»Kannst du bitte endlich mal nicht übers Grillen reden.«

»Wie meinst du das? Ich rede doch über alles Mögliche.«

»Aber du kommst immer wieder auf das Grillen zu sprechen.«

»Gar nicht wahr!« Er legte die Fleischwurst wieder weg.

»Beispiel gefällig? Als die deutsche Fußballnationalmannschaft 7:0 gegen England gewonnen hat, worüber redet der Herr die ganze Zeit? Über die Tore? Nein. Sondern darüber, dass er sich fragt, was sie im Wembley-Stadion wohl so alles auf den Grill legen.«

»Naja, also ...«

»Beispiel 2: Wir sehen ein Fahrrad, das mit einer dicken Kette an einer Straßenlaterne festgemacht ist. Was sagst du? Mit einem richtig guten Damastmesser würde man die Kette sicher durchschneiden können. Könntest du nicht auch mal an anderes denken? Zum Beispiel an unseren Garten? Der besteht nämlich nicht nur aus dem Grill. Die Bäume und Sträucher hätten längst mal wieder geschnitten werden müssen. Also kann ich bitte meinen Mann wiederhaben? Den von vor dem Grillen?«

»Aber Grillen ist ...«

»Ich liebe Gegrilltes! Du kannst gerne jeden Tag grillen, von mir aus grill Fahrradketten und Fußbälle. Aber rede nicht immer darüber, ja? Danke. Und falls du die Fleischwurst jetzt nicht sofort grillen willst, gib sie mir bitte rüber.

16. Dezember

Frank hielt es nicht mehr aus. Wenn er schon nicht über das Grillen reden durfte, dann wollte er aber doch wenigstens darüber schreiben!

Also schrieb er das erste Mal seit sicher dreißig Jahren einen Wunschzettel. An das Christkind. Ja, er malte sogar einen Weihnachtsbaum darauf und einen Weihnachtsstern. Allerdings sah ersterer aus wie ein Schaschlikspieß, und letzterer wie ein Tomahawk-Steak. Frank hatte den Wunschzettel gerollt, mit Geschenkband eine Schleife darum gemacht und auf den Kaminsims gelegt.

Bettina entdeckte ihn beim Saugen. Frank war in diesem Moment gerade auf dem Bürgersteig vor dem Haus beim Schneeschippen.

Plötzlich stand Bettina im Hauseingang. »Frank, kommst du mal bitte.«

Als er reinkam, fand er sie vor dem Kamin, den Wunschzettel wie Beweisstück A hochhaltend.

»Was soll das?«

»Wie sieht es denn aus?« Er zog seine Handschuhe aus.

»Wie ein Brief an den Weihnachtsmann!«

»Ist aber keiner. Ist einer an das Christkind.«

»Ist doch dasselbe!«

»Nein, ist es ...«

»Frank, ehrlich. Wir hatten uns doch darauf geeinigt, dass wir uns dieses Jahr nichts schenken.«

»Ja, natürlich.«

»Was soll dann das hier?«

Auf diese Frage war er natürlich vorbereitet. »Ein frommer Wunsch, nicht mehr. Man wird ja wohl noch träumen dürfen.«

Sie stach mit dem Zeigefinger auf das Papier ein. »Ein Damastmesser-Set für 300 Euro? Wo wir den Sommerurlaub schon bei deinen Eltern in Bottrop verbringen müssen, weil das Geld nicht mal für die Nordsee reicht!«

»Also abgesehen davon, dass ich gar nichts zu Weihnachten haben möchte: von so einem Messerset hat man viel länger was als von einem Urlaub. Sein Leben lang.«

Sie zerknüllte den Wunschzettel und pfefferte ihn in den Kamin.

»Frank, ich werde dir nichts schenken. Dass das klar ist.«

»Das erwarte ich auch gar nicht.«

»Das glaube ich dir aber nicht. Meinst du ich bin blöd? Diese ganzen Anspielungen?«

»Ich wollte dich nur necken.«

»Frank, lüg mich nicht an!«

Er gab ihr einen Kuss auf die Wange. »Alles gut, Hase. Ich geh dann wieder schippen.«

Sie spielte ihre Rolle fantastisch, dachte Frank. Fast hätte er es ihr geglaubt. Aber sie würde ihm ganz sicher das Messer-Set schenken. Er selbst hatte ja auch schon die Perlenohrringe besorgt, die sie ihm beim letzten Schaufensterbummel gezeigt hatte. Sie gab ihm ein subtiles Zeichen und er ihr auch eins. So lief das schon seit Jahren.

24. Dezember

»Bis gleich, Schatz«, sagte Bettina und gab Frank einen Abschiedskuss auf die Wange. »Und stell keinen Unsinn an, ja?«

»Ich? Nie! Jetzt geh schon. Ich pass in der Zwischenzeit aufs Haus auf.«

Frank schob sie fast aus der Haustür hinaus.

R.I.P. - REST IN PELLKARTOFFELN

DEFTIGER PELLKARTOFFELSALAT MIT SPECK

ZUTATEN FÜR 4 PERSONEN:

- 1 kg festkochende Kartoffeln
- 0,5 l Brühe
- 4 EL Weinessig
- 4 EL Sonnenblumen- oder Rapsöl
- 1 Zwiebel
- 100 g gewürfelter Schinkenspeck
- Salz, Pfeffer, Zucker
- frische gehackte Gartenkräuter

ZUBEREITUNG:

Die Kartoffeln als Pellkartoffeln kochen, pellen und in Scheiben schneiden. Die Zwiebel schälen und fein hacken, mit dem Essig und Öl zur Brühe geben. Die Schinkenspeckwürfel in einer Pfanne mit hohem Rand auslassen und mit der Brühe ablöschen. Die Pfanne von der Kochplatte nehmen und die Pellkartoffelscheiben zugeben. Alles gut vermengen und mit Salz, Pfeffer, Zucker und den gehackten Kräutern abschmecken. Den Salat durchziehen lassen und zum Beispiel mit etwas Feldsalat garnieren.

Bettina würde jetzt die letzten Besorgungen für den Abend machen. Unter anderem musste die große Weihnachtsgans beim Bauern abgeholt werden, denn Bettinas Eltern würden kommen und die waren ausgesprochen gute Esser. Fürs Kochen war alles vorbereitet, zeitlich haute das noch hin.

Den Weihnachtsbaum und das Wohnzimmer hatten sie schon am Vortag festlich geschmückt. Weil die Eltern kamen, hatte Bettina extra die Weihnachtspyramide aus dem Erzgebirge aufgebaut, und die beiden Räuchermännchen aus dem Harz entstaubt. Es gab eine große Weihnachtsgirlande, einen Mistelzweig unter dem Türrahmen, ja sogar ein lebensgroßes Schaf aus Baumwolle neben der Krippe, bei dessen riesenhaftem Anblick das Jesuskind bei der Geburt vermutlich direkt wieder kehrtmachen würde.

Bettina hatte gestern auch die köstlichen Schoko-Kirsch-Törtchen gebacken, wie immer an Weihnachten. Mit Goldglitzer verziert. Für nächstes Jahr plante Frank sie in seinem Grill zur Perfektion zu bringen. Er war sich sicher, dass das klappen würde. Man konnte so gut wie alles grillen, man brauchte nur Phantasie.

Und Damastmesser.

Er hielt die Spannung bald nicht mehr aus.

Vor drei Tagen war ein großes Paket mit der Post gekommen, bei dem Bettina ihm verboten hatte, auf den Absender zu schauen oder es gar auszupacken. Sie hatte es direkt runter in die Waschküche gebracht und die Tür abgeschlossen.

Heute Morgen hatte er gehört, wie sie die Tür aufgeschlossen hatte und kurz danach ins Wohnzimmer geschlichen war.

SÜSSES GIFT

SAFTIGE SCHOKO-KIRSCH-TÖRTCHEN

ZUTATEN FÜR 12-14 TÖRTCHEN:
- 270 g Zucker
- 250 g weiche Butter
- 4 Eier Größe L
- 270 g Mehl
- 1/2 Päckchen Backpulver
- 3 EL echtes Kakaopulver
- 1 Päckchen Vanillezucker
- 1/2 TL Zimt
- 150 ml Rotwein oder Kirschsaft
- 1 Glas Kirschen (abgetropft)
- Muffin- oder Törtchenformen
- Puderzucker

ZUBEREITUNG:
Zucker, Butter und Eier schaumig schlagen. Mehl, Backpulver, Kakaopulver, Vanillezucker und Zimt unter Rühren zugeben. Den Rotwein oder Kirschsaft ebenfalls unterrühren und den Teig portionsweise in Backmanschetten für Muffins oder Törtchen geben. Sechs bis sieben Kirschen pro Törtchen obenauf geben und die Förmchen mit dem Teig gut 20-25 Minuten bei 175 Grad Celsius im vorgeheizten Ofen backen. Mit Puderzucker bestäuben.

Er hatte seit Jahren – ach was, seit Jahrzehnten nicht mehr eine solche Vorfreude verspürt! Jeden Tag hatte er im Grill-Magazin mit glänzenden Augen die Messer bewundert. Einmal waren ihm sogar Tränen der Vorfreude gekommen, als er sich vorstellte, wie er mit den Messern ein herrliches Steak von einem großen Stück Fleisch abschnitt. Natürlich hatte er dafür gesorgt, dass Bettina in ihn diesen intimen Momenten definitiv nicht erwischen würde und das Magazin nur heimlich beim Toilettieren aufgeschlagen.

Heute war es endlich so weit! Bald würde er die kostbaren Damastmesser in seinen vor Erregung zitternden Händen halten!

Um genau zu sein: in wenigen Sekunden!

Denn Frank hatte nicht vor, sich noch bis zum Abend zu gedulden. Viel zu lange hatte er auf diese Messer warten müssen.

Wie die Erfahrungen der Vorjahre zeigten, würde Bettina erst in einer guten Stunde zurück sein. Zeit genug, um die Messer einer eingehenden Prüfung zu unterziehen!

Nachdem er das Paket zum ersten Mal gesehen hatte, hatte er sich gleich Fleisch vom Rind, vom Huhn, von Strauß und Bison besorgt, die er, während Bettina unterwegs war, fachgerecht zerteilen wollte. Danach würde er das Messerset flugs abspülen und alles wieder fein säuberlich einpacken. Über die nächsten Tage würde er das alles fein grillen, und sie würden es genüsslich mit den üppigen Resten des Pellkartoffelsalats, den Bettina jedes Jahr zubereitete, verputzen.

Er stellte den Wecker und trank zur Beruhigung etwas von dem selbstgemachten Eierlikör, der eigentlich erst am Abend zu den Törtchen serviert werden sollte. Und weil er so gut schmeckte, trank er gleich noch einen Schluck. Eigentlich sollte er seine Nerven beruhigen, aber Frank hatte den Eindruck, dass das teuflische Zeug sie nur noch mehr anspannte.

Leise kichernd schlich er ins Wohnzimmer.

Schleichen war zwar überhaupt nicht nötig, aber es fühlte sich angemessen an und erhöhte das angenehme Kribbeln bei dem Gefühl, etwas Verbotenes zu tun.

Wo hatte sie das Geschenk nur versteckt?

Frank suchte unter dem Weihnachtsbaum, am Kamin, neben der Krippe.

Da! An der Verandatür, eingepackt in goldenes Papier!

Was für ein schlechtes Versteck! Ho! Ho! Ho!

Vorsichtig hob Frank das Paket hoch. Es war leichter, als er gedacht hatte. Vielleicht hatte sie den Messerblock nicht miteingepackt. Bettina zwiebelte ihn manchmal bei Geschenken.

Penibel löste er die Klebestreifen vom Papier, ohne es einzureißen und faltete es dann auseinander.

Vor ihm lag ein Karton mit ...

... einer Astschere.

Darauf prangte ein neongelber Post-It. »Damit du auch mal was anderes machst als Grillen. Dein Hase.«

Die Wut fing in Franks kribbelnden Fußsohlen an, raste dann über die Beine empor, ließ seinen Magen verkrampfen, sein Herz rasen und entlud sich in einem markerschütternden Schrei.«

»Eine Astschere! EINE ASTSCHERE!!!«

Er riss das Paket auf. Tatsächlich eine gottverdammte Astschere! Mit scharf glänzenden Klingen.

Bettina wollte also, *dass er auch mal was anderes machte als grillen?*

DAS konnte sie haben.

Und wie sie das haben konnte!

Er würde die Astschere jetzt gleich mal ausprobieren. Und zwar am Weihnachtsbaum.

Die Spitze müsste man doch wunderbar abschneiden können.

Hui, das ging ja wunderbar!

Klappte sicher auch bei den Ästen.

Schnipp, schnapp, ab! Alle! Ratzekahl!

Da konnte er ihn auch gleich komplett zerlegen! Es würde Bettina sicher sehr freuen, dass er *so viel anderes machte als grillen!*

Aber das wäre ihr doch sicher noch nicht genug, oder?

Ob man wohl auch eine Weihnachtspyramide ...?

Und zack, auch das konnte die Astschere! Und die Räuchermännchen enthaupten? Kein Problem!

Wie wäre es wohl mit feuchten Dingen? Mit den Schoko-Kirsch-Törtchen zum Beispiel?

Auch kein Problem!

Schnipp, schnipp, schnipp, schnapp, schnapp, schnapp – tausend Krümelchen.

Das Gleiche galt für Weihnachtsgirlande und Mistelzweige.

Vor lauter Raserei hörte Frank gar nicht, wie der Wecker klingelte.

Als er gerade das Schaf Schnitt für Schnitt von seinem Fell trennte, trat Bettina ins Wohnzimmer und schrie. Sie zeigte auf den zerlegten Baum, auf die Girlande, auf die kopflosen Räuchermännchen, und ihr hysterisches Schreien wurde immer mehr zu einem Kreischen.

»Super, oder?«, brüllte Frank sie an. »Ich hab kein bisschen gegrillt! Nur ein bisschen mit meinem tollen Weihnachtsgeschenk gespielt!«

Bettinas Kopf war feuerrot und sie schüttelte ihn wie irre.

»Wie? Hab ich noch nicht genug geschnitten? Soll ich noch mehr schneiden? Mit dieser TOLLEN ASTSCHERE?«

Und er machte mit seiner Bettina das, was er eben schon an den Räuchermännchen vollzogen hatte.

Er trennte ihren Kopf vom Rumpf.

Schnipp, schnapp, ab!

Wirklich überzeugend, diese Astschere. Das musste man Bettina lassen, da hatte sie ihm wirklich ganz was Feines gekauft. Konnte man sogar Fleisch mit schneiden!

Er blickte zu Bettinas Kopf, der mit hohlen Geräuschen vor den Kamin gekullert war. Der Mund stand im stummen Schrei noch immer weit offen.

Mit einem Mal fiel ihm auf, dass zwischen dem gestapelten Holz neben der Feuerstelle ein buntes Papierzipfelchen glänzte.

Was war das? Etwa noch ein Päckchen? Die Astschere entglitt seiner blutverschmierten Rechten und polterte zu Boden.

Zuerst langsam, dann immer schneller werdend räumte er die Scheite weg, warf sie einfach hinter sich, zwischen die Trümmer der Weihnachtsdekoration.

Tatsächlich, ein weiteres Geschenk, das seine Bettina dort versteckt haben musste. Auch das war kein richtig gutes Versteck. Nur ein kleines bisschen besser als das andere.

Frank fiel auf die Knie und fetzte das glänzende Papier auseinander.

Das Damaszenermesser-Set!

Unter Tränen drückte er es an seine Brust. Und dachte schon im nächsten Moment daran, dass er es jetzt sofort zum Fleischschneiden benutzen würde, zum Zertrennen von Sehnen und Knochen. Das würde keine schöne Arbeit werden, aber mit diesen wunderbaren Messern würde es ihm leicht von der Hand gehen. Und dann wurde ihm bewusst, dass dies ganz unerwartet doch noch ein wunderschönes Weihnachtsfest geworden war.

REZEPTREGISTER

DIPS / PESTO / AUFSTRICHE

SÜSSSPEISEN

GETRÄNKE

Du möchtest richtig gutes Fleisch aus deiner Region oder Spezialitäten aus der ganzen Welt und das am liebsten direkt nach Hause geliefert? Pistol Prime BBQ bietet hier die Lösung. In unserem vielseitigen Onlineshop findest du alles, was das Fleisch- und Grill Herz begehrt.

Von Rindfleisch, Lamm, über Geflügel bis hin zum Schweinefleisch findest du alles für das perfekte Grill- und Kocherlebnis bei dir zuhause. Auch für die Beilagen und die ideale Würzung ist gesorgt. In Kooperation mit vielen namhaften Unternehmen haben wir dafür gesorgt, dass unser Onlineshop alles bietet, was dein kulinarisches Herz begehrt. Schau vorbei und entdecke Delikatessen aller Art aus dem Norden.

Entdecke jetzt die breite Vielfalt an Prime BBQ Rindfleisch von Pistol Prime BBQ. Bestell dir Rindfleisch ganz bequem online und lasse dir

Premium-Sorten vom Wagyu-, Kobe- und anderen Rinderrassen ganz einfach nach Hause liefern. Für den perfekten Grillabend bieten wir dir diverse Rinder-Sorten für eine Vielfalt an schmackhaften Fleischgerichten an. Ob als T-Bone Roastbeef, Filet auf dem Grill, Hackfleisch in der Pfanne, Gulasch aus dem Topf oder innerhalb eines Paketes für Geburtstag, Jubiläum und Co, Prime BBQ versorgt dich mit allen Utensilien für das perfekte Grill- und Kocherlebnis. Damit du nicht lange auf dein Fleisch warten musst, garantieren wir dir eine Lieferzeit von 2-3 Werktagen.

Auch eine Vielzahl an Geschenken wie etwa unsere vielseitigen Kochboxen oder ein Gutschein für unsere Grillkurse für Freunde und Familie können wir dir problemlos nach Hause oder die gewünschte Adresse schicken. Besuche unseren Laden in Roggentin oder machs dir gemütlich und entdecke jetzt unsere Online-Angebote.